Dialogues interrompus

Du même auteur

Romans

Les résidences secondaires ou la vie distraite, Grasset, 1969 ;
   Le Livre de poche, 1974 ; Folio, 1993.
Le passé composé, Grasset, 1971 ; Le Livre de poche, 1978 ;
   Folio, 1994.
La tête la première, Grasset, 1972 ; Folio, 1995.
Balthazar, fils de famille, Gallimard, 1985 ; Folio, 1987.
Sur un air de fête, Gallimard, 1990 ; Folio, 1999.
Les femmes du métro Pompe, Gallimard, 2006 ; Folio, 2008.
Johnny Dasolo, Gallimard, 2008.

Théâtre

Hôtel du Lac, Gallimard, 1975.
Nous ne connaissons pas la même personne, Grasset, 1978.
Je ne t'ai jamais aimé, Gallimard, 2000.

Monographies

Photographies, Gallimard-Denoël, 1991.
Past Present, New York, William Morrow and Company,
   1996.
Photographies, catalogue d'exposition, Rome, Galleria Francese,
   1997.
Past Present, Munich, Schirmer-Mosel, 1997.
*Private Heroes : Photographien – Photoübermalungen –
   Malerei*, catalogue d'exposition, Stuttgart, Württember-
   gischer Kunstverein ; Cantz, Ostfildern, 1998.
Vivre : œuvres récentes, catalogue d'exposition, São Paulo,
   Pinacoteca do Estado et Rio de Janeiro, Museu de Arte
   Moderna, 1999.

(suite en fin d'ouvage)

François-Marie Banier

Dialogues interrompus

Louis Aragon
Lili Brik
Charles de Noailles
Nathalie Sarraute

Flammarion

© Flammarion, 2024
ISBN : 978-2-0804-3935-2

Il a été tiré de l'édition originale de cet ouvrage
50 exemplaires sur vélin Rivoli des papeteries Arjowiggins
numérotés de 1 à 50.

À Martin

C'est une école que votre conversation, et j'y viens tous les jours attraper quelque chose.

Molière, *La Comtesse d'Escarbagnas*

Les dialogues que je recueille dans ce volume sont extraits de mon Journal. Ils ont été captés sur le vif, enregistrés avec l'autorisation de mes interlocutrices et interlocuteurs, ou immédiatement consignés.

LOUIS ARAGON

À la fin des années soixante, je sortais d'un concert de James Brown à l'Olympia. Vent du diable, pluie battante. Derrière un kiosque à journaux, j'aperçois Elsa Triolet et Aragon. Il fait froid, il est tard. Ils ont l'air perdu. Je vais vers eux et leur propose de les raccompagner. Dans la voiture, Elsa parle du blues, du jazz, en roulant les *r* :

— Tu vas faire un article, Louis ?

— Je l'écris cette nuit.

Elle m'invite à venir chez eux le lendemain.

Je n'irai pas.

Elsa meurt le 16 juin 1970. On me parle du désespoir d'Aragon, qui erre dans Paris, traverse les rues sans regarder, entre dans des cinémas pour en ressortir aussitôt.

En septembre, je cherche ma place au théâtre des Champs-Élysées. J'ouvre la porte d'une loge et me trouve nez à nez avec lui. Je referme la porte.

Dialogues interrompus

Le lendemain, je déjeune à La Coupole, il est là, je passe sans le saluer.

Deux jours plus tard, je découvre Edmonde Charles-Roux au bas de l'escalier de son immeuble, une bougie à la main :

— On ne peut pas dîner chez moi, il n'y a pas d'électricité. Aragon m'a invitée chez lui, viens.

Jusqu'au petit matin, il nous parle des écrivains qu'il aime et des poètes qu'il publie dans *Les Lettres françaises*. À trois heures du matin, je lui avoue la raison que j'avais de l'éviter :

— Mon père est hongrois. En 1956, à l'entrée des chars soviétiques à Budapest, vous n'avez eu aucune réaction.

— Pour changer les choses, il faut agir à bas bruit.

À l'aube, il nous propose de poursuivre la conversation dans un café de la rue du Bac.

Paris, 24 janvier 1970

Aragon marche de long en large. Il a passé la journée à accrocher des photographies d'Elsa dans son appartement. Il y en a cent cinquante. La dernière photo où il est avec elle date du 1er janvier 1969.

— Nous étions à l'Opéra, pour le Bolchoï. Elsa revivait sa jeunesse. Avec sa sœur Lili Brik elles passaient leurs soirées au ballet.

Louis Aragon

La *Colombe* de Picasso est posée sur un chevalet :

— C'est Pablo qui me l'a offerte. Ernst, Picabia, Chagall, Miró, tout ça ce sont des cadeaux. Il n'y a que moi qui ne suis pas un cadeau.

Il me montre les colliers qu'Elsa créait pour Schiaparelli.

— Ils nous ont permis de vivre. C'est moi qui allais les vendre chez les couturiers.

Edmonde parle indéfiniment du Parti communiste. Aragon dévie la conversation vers les deux guerres. La première, dans la Somme, où son chef, sous une pluie de bombes, lui a donné l'ordre de reculer. La seconde, où, résistant dans le Vercors, il a écrit *La rose et le réséda*.

— J'ai voulu me suicider. La semaine passée, quatre fois mon chauffeur m'a empêché de me jeter sous un camion. J'ai acheté un pistolet chez Gastinne Renette. Attendez-moi une seconde, je vais vous le montrer.

Il revient sans avoir trouvé l'arme, ce qui soulage Edmonde. Il paraît ennuyé :

— Le revolver a disparu. Encore un coup du Parti. Quand j'arrive à mon bureau aux *Lettres françaises*, ils placent des gens sur le balcon. Ils ont peur que je me jette dans le vide.

Edmonde l'interroge sur les femmes qu'il a connues avant Elsa. Il me voit sursauter.

— Edmonde, c'est Edmonde ! dit-il, elle peut me poser toutes les questions qu'elle veut. Et vogue la galère [1]. La maîtresse de Modigliani, Jeanne Hébuterne, était ravissante. La première fois que je l'ai vue, elle portait une robe d'un vert à se damner ! Et je me suis damné. Et j'ai recommencé. J'étais volage. Gala Dalí ? Je ne peux pas dire du mal des femmes, je n'aime pas ça. Mais d'elle, comment ne pas en dire ? Elle était mariée à Eluard, elle faisait tout pour que je couche avec elle. Avec la femme d'un ami ! C'est contre mes principes. En plus, elle était déjà la maîtresse de Max Ernst. Je ne vous dis pas ce qu'Eluard a souffert ! Il a disparu du monde pendant deux ans. On a cru qu'il était mort. Avant son départ, nous avons marché tous les deux très tard. J'essayais de le remettre sur les rails, de lui rappeler qui il était. Quand il a fallu trouver un hôtel pour dormir, tous étaient complets. On a couché dans le même lit. Il savait que ça m'ennuyait, mais nous n'avions pas le choix. Il m'a dit : « Je vais garder mon caleçon. » J'ai beaucoup ri. Ce qu'il m'a raconté de Gala, cette nuit-là ! Ah non, je ne peux pas aimer cette femme.

» En 1929, je me suis fâché définitivement avec Dalí. Le Transsibérien avait déraillé à cause d'une bombe. « Dommage qu'elle n'ait pas explosé dans un wagon de troisième classe, elle aurait tué des ouvriers, et quatre fois plus de monde », nous dit-il. Je ne lui ai plus jamais adressé la parole. Quelle

---

1. Allusion au magazine *Vogue*, qu'Edmonde Charles-Roux a dirigé.

heure est-il ? Quatre heures du matin ? Donnez-moi encore deux heures. Je vais vous faire du café.

Edmonde me fait signe de me lever. Aragon nous dit quelque chose comme :

— Ce qu'on vous apprend avant l'aube disparaît de la mémoire.

Devant la porte d'entrée, il embrasse Edmonde et me dit :

— Je t'appelle demain, petit. Je te dirai tout.

Paris, 25 janvier 1970

Aragon me téléphone :

— Je t'invite à dîner aux Îles Marquises, rue de la Gaîté. C'est un bon restaurant, et surtout c'est le titre d'un poème d'Apollinaire. Nous n'y rencontrerons personne. Je te lirai une partie du livre que je suis en train d'écrire. Sartre, dommage qu'il ait abandonné la fiction. Maintenant je ne lis plus que les premiers romans. Ça me passionne. C'est très révélateur. Dans un premier roman, on dit quelque chose à quoi on tient. On n'écrit pas bien du jour au lendemain. Regarde Stendhal, il a attendu d'avoir quarante ans. Et le meilleur Stendhal, c'est le dernier, l'inachevé : *Lucien Leuwen*.

Nous sortons des Îles Marquises, nous marchons jusqu'à la rue de Varenne. Arrivé chez lui, Aragon me lit quatre chapitres de l'histoire d'un jeune acteur, polichinelle de la rue, dont le nom est Milan.

Dialogues interrompus

L'aventure se passe rue de la Chaussée-d'Antin. Le moment où il brosse un portrait de Colette est merveilleux. Il s'interrompt pour me dire :

— C'est le plus grand écrivain français du XXe siècle. J'ai eu cinq angines de poitrine ces derniers temps. Combien de fois me suis-je vu mourir ! Je me suis dit : mais que ça arrive, bon Dieu ! Je peux me coucher à six heures du matin, le lendemain je me lève plus fort que jamais. Il y a un mois, j'ai fait ce que je faisais en Gironde en 1926, chez Emmanuel Berl : une galipette arrière, qui m'a fait atterrir ici contre la vitre qui protège le portrait d'Elsa. Je suis reparti en sens inverse, comme j'étais venu. Je serais capable de le refaire. C'est pour te dire comme je suis fou.

Il me raconte qu'il s'est pendu par les pieds à la balustrade du deuxième balcon d'un théâtre, et qu'il a frappé un type aux *Nouvelles littéraires*. Plusieurs fois, il me dit qu'il me trouve « curieux ».

J'allais partir :

— Je hais ma vie de vieillard. Je me rase trois fois par jour. Trois fois par jour je prends un bain. Comme avant ! Mais avant c'était normal, il y avait Elsa. Je ne pouvais pas me coucher sans me raser. Tous les hommes se couchent sans se raser. Je ne suis pas toujours pudique, mais devant toi je ne peux pas être impudique.

Il me donne l'*Élégie à Pablo Neruda* et *La Mise à mort*.

Louis Aragon

Paris, 14 février 1970

À La Coupole.

— Muscadet, sancerre, champagne ? J'ai com-
mandé quatre douzaines d'huîtres. Deux douzaines
pour chacun. Ni une de plus, ni une de moins.

— C'est beaucoup.

— Pendant que tu faisais du cheval à Fontainebleau, j'ai fait le tour de Paris à pied. Tous les gens
que j'ai rencontrés me croyaient mort. La mort ne
veut pas de moi ! Je ressens l'absence d'Elsa à chaque
seconde. Je ne peux plus fréquenter nos vieux amis.
Antoine Vitez, c'est autre chose. Il faut que je
t'emmène voir ce qu'il fait au théâtre. L'autre soir,
quand tu m'as parlé du soulèvement du peuple hongrois en 1956, et que tu m'as dit que tu avais de
la famille là-bas, ne crois pas que je n'y étais pas
sensible. As-tu compris ce que je t'ai expliqué ?

— Pas tout à fait. Il était cinq heures du matin.

— Si Edmonde m'avait dit que tu étais hongrois,
on aurait commencé la conversation plus tôt. Elle
était proche d'Elsa. Edmonde était belle. Elle a été
contente de monter sur ta mobylette. Ton amie
Marie Laure a été très généreuse avec nous. Elsa et
moi n'étions jamais allés en Amérique. Les voyages
de ce type sont très chers. C'est Marcel Duchamp
qui en a parlé à Marie Laure. Elle a tout de suite
fait ce qu'il fallait pour que notre voyage se passe
dans les meilleures conditions. René Crevel l'adorait.

Dialogues interrompus

Elle lui a acheté beaucoup de manuscrits, comme à Breton et à moi.

— Vous souvenez-vous que je vous ai rencontré il y a sept ans à l'hôtel des archevêques de Sens ? J'avais seize ans. J'étais venu avec mon professeur de français. Il avait écrit un livre sur les portes de métro de Guimard. La veille, j'avais dîné chez mes parents avec le président d'Hachette. Il avait dit que vous étiez l'auteur préféré des jeunes. Loin devant Camus, loin devant Malraux. Je vous l'ai dit, vous m'avez répondu : « Ça ne m'étonne pas, les jeunes sont tellement cons ! » et vous m'avez tourné le dos.

— C'est vrai, la mode ne m'intéresse pas. La mode des vêtements, oui. Mais pas la mode litté-raire. Edmonde me dit que tu es du dernier bien avec Dalí ?

— Oui.

— Je le déteste. Viens, on va chez Chagall.

— Et s'il dort ?

— Je frapperai à la porte. J'ai déposé des poèmes chez lui. Il aime que je les lui lise.

— Je pourrais rester avec vous ?

— Ça, c'est la réaction d'un enfant maltraité par son père. Moi, mon père était absent et ma mère me disait qu'elle était ma sœur. À neuf ans je me promenais sous les chemises de nuit de femmes qui habitaient dans l'hôtel que tenait ma sœur.

— Votre mère !

— Si tu veux.

Louis Aragon

Paris, 26 décembre 1970

Aragon au téléphone.

— Si tu pouvais venir chez moi, en fin de journée, tu sais, maintenant, les soirs sont larges. Huit heures, ça te va ? Je te lirai quelque chose. De mon cru, ou pas, ce sera la surprise. Apporte-moi un texte de toi, la surprise sera pour moi. Quand tu auras monté deux étages, tu trouveras une chaise attachée à un rail. Assieds-toi dessus et monte par là, ça t'amusera.

En face de la porte d'entrée, une monumentale photo d'Elsa est accrochée au mur. Elle n'est pas jeune. On peut comprendre la gêne que soulevait ce profil autoritaire et pensif. J'ai aimé *Le rossignol se tait à l'aube* et je le lui dis. Je déteste les calomnies déversées sur elle et sa prétendue influence sur Aragon.

— Ici, c'est la chambre de Rostropovitch. Tu y verras aussi des photos. On a logé beaucoup de monde. Maïa Plissetskaïa, nous l'avons souvent hébergée. Elle était très proche de ma belle-sœur Lili. Maintenant, cet appartement, c'est beaucoup trop pour un homme seul. En face, c'est mon bureau. Ne compte pas les photos d'Elsa.

— Il y en a derrière chaque vitre de votre bibliothèque, et jusqu'en haut.

Je m'engage derrière lui, à travers un couloir sombre bordé de chaque côté par des étagères. Deux

Dialogues interrompus

grandes ouvertures donnent sur une vaste pièce, la salle à manger, pavée de tomettes.

Je reconnais, autour de la *Colombe* de Picasso, une ficelle traversant un cadre vide de Hans Arp, un collage de Max Ernst, qui figure entre les premières pages de *Je n'ai jamais appris à écrire*, et une obligation pour *La Roulette de Monte-Carlo* de Marcel Duchamp. Meubles noirs, table longue, épaisse. Une toute petite fenêtre dans le mur donne sur la cuisine.

— Maria serait là, elle nous passerait les plats par cette lucarne. Elle nous a abandonnés pour sa sœur, mais pas tout à fait abandonnés. Tu ne vas pas mourir de faim. Du rôti froid. Sers-toi. Non, laisse-moi faire.

Il évoque Prague, revient à Budapest en 1956. Quand il parle du 44, je dois comprendre que c'est l'adresse de *L'Humanité*. Très vite viennent ses démêlés avec le Parti. Je ne sais plus pourquoi sa tentative de suicide. Du temps d'Elsa.

— Je pensais rentrer à la maison, mettre mes affaires en ordre, dire quelques phrases à Elsa pour lui rendre l'épreuve moins dure, et quand je suis arrivé, elle m'a dit : « Ils ont appelé plusieurs fois du 44. » Je me suis demandé : est-ce que je rappelle ou pas ? J'ai rappelé. On m'a dit : « Le camarade Jacques Duclos veut vous parler. » Je pars le voir, il me saute au cou et me dit : « Nous te présentons toutes nos excuses. »

— Qu'aviez-vous fait de si répréhensible ?

— Répréhensible, barre ça de ton vocabulaire. Mais tu ne m'écoutes donc pas ?

— Si, mais il y en a trop.

— J'écris trop, je parle trop. C'est ça. Hier, cela a fait quarante-quatre ans que je suis au Parti.

Il fallait que je lui dise mon apolitisme. Je pensais que c'était essentiel.

— Ah ! Tu es hongrois ! Je suis allé à Budapest à l'automne dernier. J'ai rencontré le président Kadar et j'ai vu aussi Tibor Déry. Tu connais Tibor Déry ? C'est le plus grand écrivain hongrois. Tu sais qu'il a été condamné à mort par Kadar ? Il a été gracié grâce à moi. À l'époque, j'avais dit que j'étais contre son exécution et celles d'autres intellectuels. D'abord parce que je suis contre la peine de mort. Tibor Déry m'a dit qu'il devrait haïr Kadar, mais non, il a même de l'admiration pour lui. Ils sont voisins. Le matin, il le voit qui va faire son marché. Il se promène dans la rue. « Il vit avec nous, dit Tibor Déry, connaissez-vous au monde un chef d'État qui mène cette vie-là ? Moi pas. Quand il nous demande quelque chose, on le fait, car on sait que c'est important. Il n'empêche que nous sommes à la limite de ce qui est tolérable. Il dépasserait un tant soit peu, nous serions envahis dans les vingt-quatre heures. » Moi, je peux acheter tous les journaux du monde, là-bas c'est impossible.

Je sors de chez Aragon ivre de mots. Je craignais en montant sur ma mobylette de perdre au vent tous ceux que j'avais entendus.

Dialogues interrompus

Paris, 17 janvier 1971

Aragon au téléphone :
— J'ai lu ton article. J'ai peur pour toi. Tu crois à l'existence de gens qui n'existent pas.

Paris, 31 janvier 1971

Nous sommes à la même table que dimanche dernier, à La Coupole.
— J'avais quatre ans quand j'ai couché pour la première fois avec une fille. Ma mère avait acheté un hôtel avenue Carnot. C'était en 1899. Elle avait fait une bonne affaire puisque l'année suivante il y avait l'Exposition universelle. Une famille de Sud-Américains a loué le troisième étage pour la durée de l'Exposition. Là, il y avait une jeune fille qui me disait de monter tous les matins et qui me donnait des bonbons. Un jour, les rideaux étaient tirés, il n'y avait personne dans l'appartement, j'ai grimpé dans son lit et je me suis glissé entre elle et sa chemise de nuit. À huit ans, j'ai couché avec la femme du percepteur. À treize ans avec des amies de maman. Enfin, avec celles qui voulaient. Et tu connais la suite. À propos, il faut que tu apprennes à plaire.
Quittant le boulevard du Montparnasse, nous passons par la rue Stanislas et par la rue Péguy.

— Là-haut, au troisième étage, où tu vois de la lumière, vivait une de mes maîtresses, une Juive polonaise qui jouait du piano.

Chez lui, rue de Varenne, nous écoutons des disques de Jeanne Moreau et d'Édith Piaf.

— À ton âge, on ne différencie pas l'homme de la femme, ou si peu. À mesure que je te regarde, je te vois deux visages. Il y a parfois au fond de tes yeux une étincelle de tristesse. Je préfère le jeune fou que tu es aussi. C'est quand tu prends l'air le plus sérieux que tu es le plus innocent. Te dire que tu seras heureux un jour ? Je ne voudrais pas te décourager, mais je n'y crois pas.

Paris, 16 février 1971

— Louis, quel est le premier article que vous avez écrit ?

— La première chose imprimée de moi, c'est un article dans *La Revue du cinéma*, une revue de publicité pour les films qui sortaient. Elle était faite par Diamant-Berger, le père du Diamant-Berger qui ensuite a été avec de Gaulle à Londres. Le rédacteur en chef était Louis Delluc. C'est lui qui m'a demandé d'écrire cet article dont le titre était « Du décor ». Dans tous les livres spécialisés en cinéma on le reprend. De tout ce que j'ai écrit, c'est ce qui a eu le plus de succès.

Dialogues interrompus

— Qu'est-ce qui vous a poussé à faire du journalisme ?

— La nécessité de gagner ma vie.

— Vous trouvez que dans mon cas il faut que j'en fasse ?

— Tu en as la possibilité. Chez Cardin, ta position s'est stabilisée depuis un an, mais si tu as une chose à côté qui élargit cette base, ce sera toujours bon. T'ai-je lu « Je n'aime pas mon avenir » ? L'étrangeté de ce texte est que je ramassais tout un paquet de courrier, la porte s'est ouverte, il y avait du vent, les lettres dispersées, les cartes postales...

— Vous me l'avez lu.

— Je te le relis.

Je n'aime pas mon avenir et l'air qu'il a c'est un vieil homme.

J'ai peur de lui, de chaque ride sur son front, de sa bouche amère et ce désir à tout propos de se souvenir comme un voyeur trop familier.

J'ai peur de ses mains, de sa bouche, de ce qu'il dit et ne dit pas et que je sais.

Je n'aime pas mon avenir.

Je n'aime pas mon avenir, il est le gouffre.

Chaque jour qui s'épaissit fait d'un jour de plus plus profonde ma nuit.

Je détourne les yeux par peur de me voir autre, regard et chuchotement jaillis entre deux portes.

Je le rencontre par angoisse à quelques détours de rues, sous de si violentes lumières.

Il m'attend, on dirait qu'il m'attend toujours au tournant d'une phrase, et depuis quelque temps je tombe sur lui partout.

Que me veut-il ? Rien sans doute, revenir de ses pas dans mes pas en une route perdue, un sentier, pour m'expliquer les veines de ses mains, l'affolement de son cœur, l'odeur de sa chair, devant lui l'escalier qui descend les balbutiements du silence.

Je n'aime pas mon avenir, ça brûle.

— C'est très beau, Louis, mais ce n'est pas votre cas, vous aimez votre avenir.

— Je n'ai pas d'avenir. T'ai-je lu « Écrit sur le carnet de la blanchisseuse » ?

— Oui.

— *Le Paysan de Paris*, c'était alimentaire. J'ai écrit la première partie assez vite. Ensuite, interruption de six mois. J'écris ce que les gens n'écrivent pas, cher ami. Quand je ne serai plus là, personne ne me connaîtra, tout ça deviendra naturel et n'aura plus aucun accent.

— Vous m'avez dit que vous aimeriez que tout ce que vous avez écrit soit comme les manuscrits de la mer Morte. Je suis inquiet quand vous vous complaisez dans la mélancolie.

— Ce serait intéressant que, tout ceci ayant disparu, un certain nombre de siècles étant passés, on le retrouve.

» En 1917, les Allemands ont tiré, ils ont eu très peur, ils sont partis et en fait c'est comme ça que je me suis emparé d'un village. J'y suis entré, moi médecin. Il y avait des soldats allemands blessés, je leur ai fait leurs pansements avant de les faire prisonniers, et nous avons attendu trois quarts d'heure qu'arrive une compagnie dont je connaissais l'officier. Le lieutenant qui commandait a eu la Légion d'honneur et moi rien. Je n'étais pas de l'unité combattante. Tout est fait de ce genre de hasards.

Paris, 24 mars 1971

— Tu as l'air triste. Songe un petit peu qu'à ton âge, malgré ton caractère hurluberlu, on te prend au sérieux. Tu as là un avantage sur la plupart des gens.

— Ce qui n'a aucun intérêt !

— Le fait est que dans cette conception que je me fais progressivement de toi, tu gagnes chaque fois. Mais pourquoi es-tu si déprimé ? Moi, les choses ne peuvent pas s'arranger : je ne ferai pas renaître Elsa.

— Elle vous a influencé, Elsa ?

— Non. Nous coïncidions dans les choses que nous pensions. Par exemple, Elsa n'avait rien à faire avec la politique. Si quelqu'un la forçait à en parler, c'est bien moi. Il le fallait, elle ne lisait jamais les journaux. Elle disait d'ailleurs assez joliment : « Pourquoi veux-tu que je lise les journaux ? Je ne connais pas le début du feuilleton. » Et ce serait cette femme qui m'aurait amené au communisme ? J'ai adhéré

Louis Aragon

au Parti un an et neuf mois avant de la connaître !
Et elle, elle ne s'y est jamais inscrite,

— Et comment se fait-il qu'au Parti, on ait eu
tellement d'admiration pour elle ?

— Premièrement, on n'en a pas toujours eu.
Deuxièmement, elle l'a bien gagnée, cette admiration. Ça n'a rien à voir avec le fait d'appartenir ou
de ne pas appartenir au Parti. Ce sont ses livres qui
comptent. La seule chose qu'on peut dire, c'est que
je suis allé avec elle en URSS en 1930 pour voir sa
sœur, Lili, que je connaissais déjà. Je l'avais rencontrée à Berlin. C'était après la mort de Maïakovski.
Nous allions visiter une femme qui avait été frappée
dans ce qu'elle avait de plus cher au monde. Ce
qui n'a rien à voir avec la politique.

Paris, 28 mars 1971

— Quelle était l'attitude des écrivains envers Elsa ?

— Ça dépend.

— Par exemple Sartre et Beauvoir ?

— Beauvoir et Sartre ont toujours été haineux
avec nous. Remarque, le premier article écrit sur
Elsa en France est de Sartre. Avant la guerre. C'était
critique mais somme toute aimable. À cette époque-
là, Sartre n'était pas Sartre.

— Mais pourquoi cette haine ensuite ?

— Oh, c'est une longue histoire.

— Et les écrivains qui étaient bien avec elle ?

Dialogues interrompus

— Écoute, il y avait tout de même pas mal de gens. Pratiquement tous ceux qui étaient au Comité national des écrivains, ça fait beaucoup. Sartre et Camus considéraient que c'étaient eux qui détenaient la vérité. Il y a aussi l'anticommunisme, qui est chez Sartre une chose organique, combattue par sa raison. Et les gens changent. Par exemple Camus aimait beaucoup Elsa au début. Mais brusquement, après la guerre, la situation politique a changé, il ne nous a plus aimés.

— Pourquoi ?

— Ça tenait à des choses diverses. Premièrement, ces gens ne connaissaient rien du Parti. Mais ils nous connaissaient nous, alors toutes leurs petitesses se cristallisaient sur nos pauvres petites têtes. C'est comme Drieu la Rochelle, qui a pu, d'une façon caricaturale, mais réelle, écrire de me faire exécuter. Mon soi-disant meilleur ami ! Il était devenu un homme d'Hitler. En 1933, au congrès de Nuremberg, il saluait Hitler du bras tendu… Il paraît qu'avant de se suicider, il a lu *Aurélien*.

— Parce qu'Aurélien c'était lui ?

— À moitié. Et encore, nous sommes des gens qui avons vécu au milieu d'une haine considérable. Sauf que cette haine pour Elsa a été compensée par une chose tout à fait inverse : on annonce une soirée pour elle, en huit jours il n'y a plus eu une place.

— À notre époque, avec cette apathie générale…

Louis Aragon

— L'apathie, c'est l'aspect. En réalité, dans ce monde apathique, il y a une flamme qui brûle.

Paris, 29 mars 1971

— Le jour où Breton et moi nous sommes rencontrés, les trois noms qui ont fait notre amitié, c'étaient Rimbaud, Lautréamont et Jarry. À l'époque, Rimbaud, on n'en parlait pas du tout. De Lautréamont encore moins. Et de Jarry absolument pas. C'était en 1917.

— Qui vous a fait lire Rimbaud ?

— Si tu lis *Les Cloches de Bâle*, il y a une femme qui s'appelle Catherine et qui, dans la vie, s'appelait Élisabeth. Elle était géorgienne. Elle m'a apporté Rimbaud à lire quand j'avais onze ans. Elle m'a appris beaucoup d'autres choses, d'ailleurs. Elle était très belle. Une petite tête, de longs cheveux noirs. Des yeux bleu pâle, immenses. Elle était un peu anarchiste, socialiste en même temps. Elle a été mêlée à l'histoire de la bande à Bonnot. Elle s'est suicidée quand elle est retournée dans son pays. Elle s'est jetée dans un lac. Probablement parce que ce qu'avait donné la révolution là-bas lui a paru abominable. C'était la fille d'une dame qui habitait près de l'Étoile, chez qui les gens de ma famille allaient le soir. Elle venait à la maison et s'était entichée de moi. Elle me trouvait drôle, et puis elle m'a fait lire des choses : Mallarmé, Tolstoï, Gorki.

Dialogues interrompus

— À onze ans ?

— Oui. Ça a commencé plus tôt même. À neuf ans, j'avais tout lu pour passer le bachot. Je connaissais parfaitement le programme. Je me souviens qu'à huit ans, alors que j'étais encore à l'école des petites filles, on a eu une rédaction : « Racontez le trajet entre votre maison et l'école. » Comme la maison de mes parents était tout près de l'école, j'ai donné tous les détails. Et j'ai écrit ceci : « Je descends et je vois sortir du 14 la bonne des gens du 1er avec son amant. » Ça a fait un scandale épouvantable. Je me suis fâché, j'ai dit : « Mais enfin, le mot *amant* est un mot qui ne fait scandale ni dans Racine ni dans Corneille. » Stupéfaction générale à l'école des petites filles...

— Avez-vous rencontré Apollinaire ?

— Je suis allé chez lui, et même à l'hôpital, avant sa mort.

— Comment était-il ?

— Gros. Avec un ventre qui se secouait sur ses pattes relativement courtes. Il aimait beaucoup rire. Il est mort le jour de l'Armistice. Là, j'ai écrit un poème, « Un air embaumé ».

— L'article que vous avez écrit sur la mort d'Anatole France est raide.

— Juste quelques lignes. C'était dans *Littérature*.

— Si je me souviens du titre...

— « Je crache sur un cadavre ».

— C'est charmant.

Louis Aragon

— Ça a fait scandale. Tout le monde a trouvé
ça abominable, comme tout ce que je faisais. Les
gens ont peur de moi, ils ne comprennent pas le
secret de tout ça. Ils sont prêts à croire n'importe
quoi. C'était pareil avec Apollinaire. Quand on a
volé *La Joconde*, on l'a accusé et on l'a mis en prison.
Un poète de cette encre !

— Vous étiez ami avec Juan Gris ?

— Grand garçon espagnol aux yeux rêveurs dont
les gens ne faisaient aucun cas. Ils le considéraient
comme un suiveur de Picasso. Il était fin, Gris. Et
sa peinture l'est tout autant.

— Et Cendrars ?

— On l'a vu quand il avait le bras coupé. Je
n'aime pas beaucoup sa poésie. Ni sa prose.

— Et comment se comportait Picasso ?

— Malin, il était bien avec tout le monde.

Paris, 31 mars 1971

— Après l'incendie de sa maison, j'avais écrit un
poème pour Neruda, ainsi pouvait-il croire que tout
existait encore. Ce poème ne disait rien de très précis.
Je ne le sais pas par cœur. Mais il y avait un vers,
dans le poème, qui disait : « Et l'autre qui ne t'aime
pas. » Quand le livre a paru, Elsa m'a fait une scène.
Elle m'a dit : « Je sais que tu te promènes partout
en disant que je ne t'aime pas. Je le supporte. Mais
pourquoi l'écris-tu ? » Alors, je lui ai dit : « Écoute,

il ne s'agit pas de toi. C'est une chose à propos de Neruda. Je ne comprends pas ce reproche : tu ne m'as jamais dit que tu m'aimais... » Elle ne m'a rien répondu. Il s'est passé des années et un matin, elle m'a dit : « Tu sais, j'ai beaucoup repensé ces temps-ci à une chose à propos de ce poème pour Neruda : tu m'as reproché de ne jamais t'avoir dit que je t'aimais. C'est vrai. Eh bien, je te le dis, je t'aime. » Te rends-tu compte de ce que ça m'a fait lorsque j'ai entendu ça ? C'est ce jour-là qu'elle est morte.

— Que disait-elle du *Fou d'Elsa* ? Et des poèmes d'amour ?

— Elle avait envie de disparaître quand on lisait ces choses. Je savais que c'était une forme de pudeur. Mais j'aurais arrêté d'écrire ces poèmes, elle aurait pensé que je ne l'aimais plus. Or je n'ai jamais cessé de l'aimer.

Paris, 7 avril 1971

— Dans tous les musées du monde, les tableaux sont choisis sur un jugement. De qui, mon Dieu ? « Ce tableau est beau, celui-là ne l'est pas. » À chaque génération, conservateurs, critiques, exégètes se font les champions du vrai bon goût. Mais il n'y a de goût que celui qui est cohérent avec un homme ou avec une époque. Et il y en a qui gagnent et d'autres qui perdent, et c'est tout. Ce n'est pas seulement vrai pour la peinture, mais aussi pour la littérature. Henri de Régnier, par exemple, mais qu'est-ce que c'est ? Rien. Et on était à plat ventre devant Henri de Régnier.

Paris, 8 avril 1971

— Ma mère n'était pas mariée avec mon père.

— Votre père ne s'appelait pas Aragon ?

— Il s'appelait Andrieux et il était préfet de police. Après avoir été député, ou avant. Quand je suis né, je n'ai pas été déclaré. Pour l'état civil, je suis le fils de personne. Mon père a dû inventer un nom. L'Espagne étant dans son inconscient, il a dit Aragon. Et comme il était influent, il a réussi à faire légaliser ce nom. Il n'y a que moi qui m'appelle Aragon dans la famille.

— Pourquoi n'avez-vous pas d'enfant ?

— Tu imagines un enfant sur les bras au moment de l'Occupation, de la Résistance ? Nous n'aurions rien pu faire. Et après, on n'était déjà plus si jeunes. Et puis, tu sais, quand on a pris l'habitude... J'aimais beaucoup ma mère. Mais je me suis arrangé pour qu'elle ne connaisse jamais Elsa.

Paris, 9 avril 1971

— L'histoire du personnage principal des *Voyageurs de l'impériale*, c'est l'histoire de mon grand-père.

Dialogues interrompus

Dans la famille, il y avait une énorme cerisaie. C'étaient des gens riches après la Révolution. Mon grand-père a pratiquement dilapidé l'argent de la cerisaie. À dix-sept ou dix-huit ans, son héritage gaspillé, il a acheté de la peinture. Particulièrement Monticelli, Monet, Manet, des choses comme ça. Et de tout ça, il n'est rien resté parce qu'entre-temps il a eu des idées politiques. Il a été membre de la Commune de Marseille. Après quoi, il s'est fait pardonner. Il était sous-préfet. Il avait loué une maison à la campagne, dans les montagnes, à un endroit qui s'appelle « La Verdure ». Toute la famille était là. Et je crois qu'il en avait absolument assez de ma grand-mère, et je le comprends. Il jouait, à Alger, et il a tout perdu. Un beau jour, il a disparu, plaquant ma grand-mère et lui laissant ses enfants sur les bras. Il a filé. Il est devenu un magnat des jeux en Turquie. Tu t'imagines ? Toutes les maisons de jeux de l'Empire ottoman lui appartenaient. Il était milliardaire. Et pendant ce temps-là, la famille n'avait pas le sou à Paris. C'est une drôle de famille.

» À l'époque où ma mère était enceinte, elle habitait rue Vaneau. Quand c'est devenu trop visible, on l'a envoyée dans le Midi. Elle a été chez sa grand-mère, puis chez des amis. Elle est revenue à Paris juste pour accoucher. Après quoi, on a fait disparaître l'enfant, on m'a envoyé pendant treize mois en Bretagne, chez une nourrice, puis on m'a ramené. La famille avait changé d'appartement.

Louis Aragon

Paris, 18 avril 1971

— Je te téléphone du Comité central. Il y a une interruption de séance, alors je suis venu à l'appareil pour t'appeler...

— C'est gentil.

— En principe, je reste ici. Je vais te dire, j'ai envie de m'en aller. Je resterai parce que les rapports humains sont plus importants que les rapports politiques.

Paris, 4 mai 1971

— Le mot « bourgeois » pour moi n'a pas grande signification. La génération de Nimier, dont il est le dernier représentant, a vécu sur une certaine idée balzacienne des choses. Ils se sont imaginés à partir des *Illusions perdues*. Ça donnait toutes sortes de résultats. Certains ne sont pas si nuisibles, comme par exemple Boris Vian. Ça a été quelque chose pour moi. Je me suis dit : je vieillis, ça y est, je ne suis pas d'accord avec les jeunes, etc. Et puis le temps passe et je me retrouve avec des gens avec qui je peux parler, sans sentiment de supériorité ou d'infériorité.

Paris, 8 mai 1971

— Viens me voir, je voudrais te parler des vacances. Je dois prendre des chambres au Cap Brun, sur la

Dialogues interrompus

mer entièrement. La chose dont j'ai envie était au-dessus de Toulon, avec un paysage admirable, des chambres très bien, et très bon marché. À Bandol, c'est impossible, le prix est trop élevé, il n'y a que des chambres petites dans les hôtels, des chambres pour enfant. Dans la matinée d'hier, j'ai vu sept hôtels à des endroits différents, presque partout tout est pris. J'ai vu une maison pas jeune, comme celle où, dans mon enfance, habitaient des amis de ma famille ; elle est repeinte, refaite, mais les chambres sont toutes avec salle de bains, et elles donnent sur la mer ; il y a une terrasse devant la maison, une petite piscine ; il y a vingt chambres ; c'est un endroit isolé avec un jardin. Absolument tranquille. Pas de route. C'est un chauffeur de taxi qui m'a donné l'adresse. On sort du jardin de l'hôtel pour aller se baigner dans la mer. Il y a une plage, dans une crique. On se baignera le matin, ce sera totalement vide, c'est trop petit pour être encombré. Pour aller à Châteauvallon il faut traverser Toulon, ça fait à peu près dix kilomètres, et Cap Brun est à la sortie de Toulon. On est dans une espèce de bois, il n'y a pas de passage, il n'y a personne autour. C'est une maison de style 1880-1890. Pour nous trois, Jean-Louis, Jean et moi, c'est vingt-sept mille francs par jour, en demi-pension.

— Pourquoi n'êtes-vous pas resté une journée de plus pour rendre visite à Picasso ?

— Parce que je préfère être à Paris.

— Plutôt que de voir votre vieil ami ?

Louis Aragon

— Mais oui, tout va être tellement compliqué dans la semaine qui va venir. J'ai tellement d'ennuis, de difficultés dont je ne te parle pas. Il faut que je m'occupe des choses et des gens, toutes sortes de gens qui n'ont pas à manger ou qui ont besoin de ma présence. Toutes sortes de petits qui auront des ennuis si je ne suis pas là pour les aider. À part ça, je suis l'objet d'attaques extrêmement violentes de *Tel Quel*. Tout le numéro est dirigé contre moi, là où l'on me nomme et là où l'on ne me nomme pas. On y parle de mes « démarches obscurantistes ». Ce qui m'ennuie pour d'autres raisons indirectes.

— *Tel Quel*, une revue confidentielle, et ça vous atteint ?

— Ça ne m'atteint pas, mais il y a la déformation politique.

— Quelle importance ?

— Très grande ! Cela touche à toute ma vie passée, présente et future. Pas à cause de Breton, à cause de mon parti, le Parti communiste français. Il ne s'agit que de ça, tout ça est une grande opération dirigée de l'intérieur et de l'extérieur du Parti pour m'anéantir, purement et simplement. Je ne crois pas qu'ils y arrivent, ce qui est une tout autre affaire.

— Vous rendez-vous compte de la considération que les gens ont pour vous ?

— Je n'ai pas peur, mais je sais très bien ce à quoi on touche et de quelle façon, et ça me donne la nausée, comprends-tu ?

— Je ne comprends pas.

Dialogues interrompus

— Comment comprendrais-tu, mon petit ? Il y a des choses que tu ne sais même pas. Quand on en parle, je vois bien tes yeux étonnés. Peut-être que le cas échéant je t'expliquerai, mais pas au téléphone. Quarante ans que je sacrifie tout à essayer d'empêcher les choses de se développer. Et, brusquement, je deviens l'ennemi principal pour des gens qui s'introduisent là-dedans, qui sont arrivés à obtenir une certaine audience, qui à mon sens est totalement artificielle. Pas un mot de ce qu'ils écrivent n'est compréhensible, même pour les gens qui les soutiennent. Ces gens ne m'aiment pas, tu comprends.

— Est-ce parce que vous êtes communiste ?

— Pas seulement. Et puis je m'en fous. Sauf qu'il ne s'agit pas de moi. Il y a des choses que je défends, enfin c'est trop difficile à t'expliquer.

Paris, 9 mai 1971

— Brusquement j'ai eu une crise qui a duré plus de douze heures. J'étais dans un état épouvantable, l'état dans lequel on souhaite crever. On vous passe un drain dans le thorax…

— C'est invraisemblable.

— La maladie est une chose on ne peut plus vraisemblable.

— Vous devriez faire attention.

Louis Aragon

— Il est des choses qui ne dépendent pas de l'attention. Samedi et dimanche, je vais simplement rester chez moi, à « tourner mes ficelles », comme disait Elsa.

— Qu'est-ce que ça veut dire ?

— Elle disait ça quand elle écrivait un livre.

Paris, 27 juillet 1971

Il est quatre heures du matin. Aragon m'a lu ses poèmes de *La Grande Gaîté* et il a poursuivi la lecture de *L'Homme de théâtre*.

— C'est un roman, ce théâtre. Pourquoi ne l'appelleriez-vous pas *Théâtre/Roman* ou *Roman/Théâtre* ?

Je lui avoue avoir très peu lu dans ma vie.

— Ce n'est pas vrai. Pourquoi tu te diminues ? La différence entre toi et moi, c'est que je lisais beaucoup de mauvais romans.

» Quand j'habitais Neuilly, je rentrais à pied de Montmartre, vers six heures du matin, et je trouvais maman en larmes. Elle m'attendait dans l'escalier, je lui expliquais que c'était comme ça. Le lendemain, elle m'attendait encore. Un beau jour je suis parti. On me prêtait des chambres. J'essayais d'être le plus près possible des endroits que je cherchais. Tu sais, j'avais une santé ! Et chaque jour une femme différente. Elles me quittaient toujours parce que je les fatiguais. Elles n'en pouvaient plus.

Dialogues interrompus

Paris, 16 février 1972

— Avec Elsa, en 1947, nous avons fait un voyage à travers les démocraties populaires. Nous avons été en Yougoslavie, en Hongrie, en Roumanie, en URSS, jusqu'à la frontière de la Finlande. On est revenus par la Pologne. En Roumanie, il s'est passé des choses tout à fait étranges. Partout où Elsa arrivait, il y avait une espèce d'émotion particulière, beaucoup de gens lui baisaient le bas de la robe. Le mystère s'est éclairci quand nous avons été dans un monastère. Les nonnes étaient complètement bouleversées. En fait, on la prenait pour la reine de Roumanie. Elle lui ressemblait beaucoup.

— Quel effet cela lui faisait-il ?

— Elle était stupéfaite. La première fois que je l'ai rencontrée, je n'ai vu que ses jambes. Des jambes divines. J'étais avec mon ami Tual[1], c'est lui qui l'avait amenée. Et moi tout de suite je n'ai eu qu'une idée, c'était de rester seul avec elle. Je ne cessais de regarder ses jambes. J'ai fini par dire à Tual : « Ta femme t'attend, tu vas être en retard pour le dîner. » Sa femme se mettait à table à huit heures. Il est parti fou de rage, disant que j'étais un salaud épouvantable.

— En 1928, quand vous la rencontrez, comment était-elle ?

---

1. Roland Tual, réalisateur et producteur de cinéma.

Louis Aragon

— Elle était exactement comme sur cette photo où on la voit penchée à la terrasse de La Coupole. Nous avions trente ans. La particularité de notre rencontre, ce n'est pas le coup de foudre. Nous étions un homme et une femme qui avaient chacun un passé. Je l'ai dit récemment dans une conférence à Malakoff, pour briser une de ces idées de carte postale qu'on se fait de l'amour entre nous. Dans *Luna-Park*, Elsa raconte l'histoire d'une femme qui a loué sa maison à un homme qu'elle ne connaît pas et qui a laissé dans un secrétaire ses lettres d'amour. Il lit ces lettres. Or ces lettres passent pour être des chapitres de roman, alors que ce sont en réalité de vraies lettres. Et la dernière lettre, qui est une lettre du mari, a l'histoire suivante : Elsa, qui ne me quittait jamais, était partie pour l'Union soviétique, me laissant à Paris, pour le tournage de *Normandie-Niémen*. Elle est restée là-bas quatre semaines. Au moins. Sans moi. Quand elle est revenue, je lui ai dit : « Que tu mettes dans ton roman les lettres de tes amants, ça te regarde et je trouve ça tout à fait possible, mais si j'en suis absent, je ne l'admets pas. J'ai écrit une lettre, mets-la dans ton livre. » Elle l'a prise, l'a lue et m'a dit : « Je l'y mettrai. » La lettre du mari est donc une lettre de moi. C'est une conversation intime qui ne répond pas du tout à l'idée qu'on se fait des rapports qui existaient entre nous. Tu n'auras qu'à la relire pour voir. J'ai déjà dit ça et imagine-toi que personne ne veut en tenir compte. Signe qu'on préfère toujours la légende à la vérité.

Dialogues interrompus

— Vous étiez jaloux du passé d'Elsa ?

— Je l'ai exprimé une fois. Le livre a pour titre *Elsa*. Beaucoup d'hommes ont été épris d'elle. Surtout des écrivains. Et même des génies. Le structuraliste Roman Jakobson, qui lui écrira toute sa vie. Chklovski, pareillement touché, qui lui dédie un livre : *Zoo. Lettres qui ne sont pas d'amour, ou La Troisième Héloïse.* Gorki le lit. Il n'aime qu'un passage : la lettre d'Elsa que Chklovski avait glissée dans le livre. C'est ainsi que Gorki veut connaître Elsa et la pousse à devenir écrivain. « C'est absolument nécessaire : vous parlez la langue russe la plus pure qui soit. » Elle avait vingt-six ans et elle publie *À Tahiti*.

» Le deuxième livre, c'est *Fraise-des-Bois*. L'histoire de son enfance. Elle était mariée avec Triolet, dont elle a gardé le nom toute sa vie, même une fois le divorce prononcé. Quand je l'ai connue, elle était sur le point de repartir pour l'Union soviétique. À cause de moi elle est restée. Je suis responsable de ce crime. Mais elle refusait absolument de venir habiter avec moi. Elle disait : « Je ne veux pas d'appartement, vivre avec un homme, non. » Elle était très bien dans sa chambre d'hôtel de la rue Campagne-Première. J'avais un atelier à l'autre bout de la rue. J'ai eu toutes les peines du monde à la convaincre de s'installer avec moi. Elle était correspondante d'un certain nombre de revues et journaux russes et à cette époque on pouvait la payer. Gallimard avait rompu avec moi, je n'avais plus ma mensualité, alors elle a pensé faire des colliers. Triolet lui a donné

Louis Aragon

une somme de deux mille francs avec laquelle nous avons acheté du tchécoslovaque, c'est-à-dire la matière avec laquelle on fait des colliers, rue du Sentier, chez des fabricants de gros. Par la suite, j'ai rendu la somme à Triolet.

» Elsa avait certaines difficultés avec les surréalistes. Elle répondait à Breton, et lui devait tenir compte du fait que je l'aimais. Elle n'était pas exclusive. Elsa avait de très bons rapports avec des gens qu'elle avait connus, comme Fernand Léger. Et bien d'autres. Je fais exprès de ne pas les nommer. Très amie de Duchamp, elle l'a quitté pour moi. Elle voyait beaucoup de metteurs en scène russes. Elle s'intéressait au théâtre. Les gens qui venaient d'URSS venaient toujours la voir. Elle avait les meilleurs rapports avec Alexandre Taïrov et Alisa Koonen, qui était comme la Sarah Bernhardt russe. Il y avait aussi Ehrenbourg. Elle a été contestée le jour où elle s'est mise à écrire en français. Nous sommes restés onze ans sans être mariés. En 1938, au moment des accords de Munich, elle m'a dit : « Il va y avoir la guerre, et comme je ne te suis officiellement rien, on te mettra en prison et je ne pourrai même pas t'apporter des oranges, alors je vais divorcer de Triolet. »

» Elle a commencé à écrire en français en 1937. Moi, j'avais publié *Les Beaux Quartiers* et *Les Cloches de Bâle*, et j'étais en train d'écrire *Les Voyageurs de l'impériale*. Ça la gênait certainement mais je ne le comprenais pas, et d'ailleurs elle a sorti son premier livre sans me l'avoir montré. Elle ne demandait

Dialogues interrompus

jamais rien, elle écrivait contre moi. Contre moi qui ne comprenais pas qu'elle avait envie d'écrire. Elle a eu une assez bonne presse quand les *Souvenirs sur Maïakovski* ont paru.

— C'est à ce moment-là qu'elle s'est occupée de politique ?

— Là, elle ne pouvait plus ne pas lire les journaux. Après que j'ai été mobilisé et qu'elle n'avait plus rien pour vivre, elle a écrit des articles dans *La Nouvelle Revue française*. Elle y a collaboré régulièrement pendant quelques mois, jusqu'à l'arrivée des Allemands.

— Quel est le livre le plus important d'Elsa ?

— *Le Cheval blanc*. Et *L'Inspecteur des ruines*, livre le plus curieusement machiné. Un livre qui a une histoire, un arrière-plan extraordinaires, sur quoi j'écrirai certainement. *Le Monument* est un acte de courage politique, qui lui a d'ailleurs valu beaucoup d'ennuis. Dans un temps où nous étions assez isolés, l'irritation que ce livre a provoquée parmi nos camarades était un coup dur pour notre vie. Ce livre jusqu'à présent n'a jamais pu paraître dans les pays socialistes. C'est un livre fondamental, un livre qui ne peut pas ne pas rester. Elsa était une femme d'une grande modestie mais à qui on attribuait, à force de lui marcher dessus, à force de la maltraiter, un très grand orgueil. Parce que nous sommes dans un monde où les femmes ne sont pas considérées : c'est ridicule pour une femme d'écrire, pas pour un homme. D'autre part, elle était soviétique...

— Votre importance ne la gênait pas ?

— Elle en souffrait sûrement. Les gens sont dans ce domaine totalement odieux. Ils venaient pour me voir et pas elle. Des pignoufs. Il n'y avait pas de femme plus tolérante. Elle savait écouter. Elle savait aider. Elle aimait rire.

— Quel livre de vous préférait-elle ?

— Elle a tellement parlé du *Paysan de Paris* !

— Quelle fut sa réaction quand elle a reçu en 1945 le prix Goncourt ?

— Elle a trouvé ça très drôle. Elle savait que pendant que les Allemands étaient là, Carco, qui était en Suisse, avait proposé le prix pour son livre précédent, *Le Cheval blanc*. Sacha Guitry était contre elle, mais il n'était pas le seul. À l'époque, elle m'avait dit, quand nous étions passés dans l'illégalité et que personne n'avait notre adresse : « Ça aurait été si drôle si j'avais eu le Goncourt, qu'on ait cherché partout le lauréat et qu'on n'ait pas pu me trouver. »

— Quel est ce musée qui va être fait pour Elsa ?

— Il a été annoncé qu'un jour ou l'autre notre maison à la campagne deviendrait un musée d'Elsa. Aragon se bornera à être dans la tombe à côté d'elle. Connais-tu cette anecdote terrifiante ? Le 2 janvier 1970, elle perd connaissance, j'appelle le médecin. Entre-temps, le facteur apporte le premier exemplaire de son dernier livre, *Le rossignol se tait à l'aube*. Je le lui mets devant les yeux, je lui dis : « Regarde, ton livre est là, réveille-toi, ton livre est là. » Elle est revenue à elle et c'est six mois après

Dialogues interrompus

qu'elle est morte. Or ce livre est la prescience même de sa mort. Elsa n'a jamais appréhendé la mort, sauf peut-être au moment de mourir, et dans la guerre parce que c'est la mort pour le plus grand nombre.

— Elle avait vécu dans l'atmosphère des pièces de Tchekhov…

— Elle aimait les choses qui étaient belles. Il n'y a presque pas autre chose à dire. Elle a porté tout le temps ce qu'on appelle des châles d'Orenbourg. J'ai exigé qu'on les mette tous avec elle dans son cercueil. Orenbourg, c'est un pays en Russie où on fait des châles d'une mollesse totale, qui sont d'une telle finesse qu'un énorme châle, qui est la chose la plus chaude au monde, on peut le faire passer entièrement dans une alliance. Quand on lui disait qu'elle était jolie, elle répondait : « Ah, si vous voyiez ma sœur ! » La chose qui caractérise le plus Elsa c'était son goût immense.

Paris, 8 août 1972

— J'ai toutes les peines du monde à faire comprendre à des gens comme toi, qui veulent que je sois le metteur en scène du *Fou d'Elsa*, que je n'en suis que l'auteur. J'ai accepté l'adaptation d'Alain Werner. Ce seront ses premiers pas au théâtre. Ce qui représente pour lui une très grande audace. Ce ne sera pas possible de tout mettre sur la scène. Il y aura des choses qui seront comme de grands chants parlés. Par exemple la scène de l'inceste qui ne se produit pas. Ou bien l'apologie de la musique. Il y a aussi la scène des poètes discutant de la nature de la poésie.

— Votre vie a toujours été un théâtre, et vous vous en retirez. C'est curieux de ne pas craindre d'être trahi.

— Mon cher ami, on ne peut être trahi que dans son lit.

— Ce n'est pas la question. Qu'est-ce que c'est que cette démission ? On ne peut pas découper *Le Fou d'Elsa* comme un saucisson.

— Ça ressemble à ce que j'ai fait spontanément quand je ne savais pas écrire et que je dictais mes pièces à mes tantes. Quand j'avais quatre ans, j'ai écrit une pièce de théâtre, *Les Enfants de Cléopâtre*. C'était une petite histoire qui commençait sur la table de la salle à manger de ma mère, où il y avait un molleton vert qui me paraissait suffisant pour représenter une forêt, tout à fait comme ici dans cette pièce, et Dieu sait si Werner ne m'a pas consulté pour ça. Dans *Le Fou d'Elsa*, il n'y aura pas de décor, seulement un tapis d'André Masson, avec des motifs différents qui localisent les scènes.

— Quelles ont été vos premières émotions au théâtre ?

— Je ne crois pas avoir encore eu de révélations. Il y a des choses que j'ai aimées et d'autres que j'ai détestées ou qui m'ont laissé indifférent. Le théâtre contient parfois la poésie. Dans mon enfance, et

Dialogues interrompus

jusqu'à vingt-cinq ans, il y a eu un auteur pour qui j'ai eu une manière de passion, c'est Henry Bataille. C'est comme dans un autre domaine Maurice Barrès et dans un troisième domaine Raymond Roussel. Mais des trois, le seul auteur de théâtre est Raymond Roussel. Or je dois te dire que mon intérêt va beaucoup plus au roman-poème-récit de Roussel qu'à ses pièces de théâtre, qui sont toujours en réalité des adaptations. Le jeu de mots, au sens vraiment de calembour, comme moyen de création de la pensée et qui est propre à Roussel et que personne n'a jamais réussi aussi bien, est plus compréhensible aujourd'hui à cause de l'évolution de la linguistique. J'ai été voir *Impressions d'Afrique*. C'est même comme ça que j'ai connu Roussel, en 1913, et que je l'ai fait connaître ensuite quand on a joué d'autres pièces de lui. En 1923, j'ai expliqué à mes camarades surréalistes que c'était un personnage étonnant et je les ai emmenés voir *Locus Solus*, qui a été hué et sifflé par le public et où nous nous sommes tous levés pour applaudir et nous battre avec les gens. Je suis dans le théâtre comme ailleurs touché par quelque chose qui n'est pas le théâtre, par la poésie, et par ce qui a pu paraître atrocement ridicule chez Maeterlinck : là où les gens auraient dû être pris par la poésie des choses, ils ne voyaient plus, dans *Pelléas et Mélisande*, que les cheveux qui descendaient de la tête de Mélisande vers Pelléas et qui étaient trop courts pour qu'il puisse les prendre dans ses mains. Ça a été le sujet d'une vaste rigolade à l'Odéon, et moi, cette rigolade me crevait le cœur. J'ai hurlé contre les gens qui riaient.

— Vous avez dirigé un journal...

— Pas parce que j'avais la passion du journalisme. Je l'ai fait parce que je voulais servir à quelque chose, ce qui est tout à fait différent. J'ai des convictions politiques et j'aime soutenir les jeunes peintres, les cinéastes, tout ce qui a rapport à l'art qui vient. Si on regardait de près, j'ai compté dans la reconnaissance de Rimbaud. Dans bien des choses je me suis trompé, comme tout le monde. Mais je ne crois pas m'être trompé pour Miró, Beckett ou Brecht. Brecht, je l'ai connu très tôt. Il a même été mon ami, dans les premiers temps de sa carrière. Il a eu très vite de grands succès. Le fait est que moi, j'écoutais Brecht en allemand, au moment de la mise en scène de *L'Opéra de quat'sous*. D'un pays à l'autre, la vision n'a pas tout à fait le même sens et beaucoup de choses qui ont eu un énorme succès disparaissent. En France, on ne veut pas reprendre Ibsen, mais on veut bien Strindberg. C'est un phénomène très étrange. Après quarante ans de silence, Strindberg est revenu. La redécouverte est due à quelqu'un qui a eu brusquement un enthousiasme. C'est ce qu'on appelle le snobisme. Il m'est incombé une vertu de vue qui subsistera pour l'avenir. Par exemple, d'une façon très bizarre, avec Fellini, au moment de *La Strada*, film qui a été très mal reçu en Italie et chez les gens de mon bord, qui écrivaient contre. Poussé par cela même, j'ai écrit un article, ils ont entendu et ont changé d'avis.

— Est-ce que votre pouvoir sur l'opinion vous grise ?

— Ce n'est pas systématique, je ne suis jamais arrivé à prouver qu'Henry Bataille est un très grand poète. Je sais très bien que je ne persuaderai pas les gens, mais je le leur ai dit. Il est certain qu'énormément de choses sont inutiles à ma vision tandis qu'un petit nombre coïncident avec elle.

— Vous allez publier vos *Œuvres poétiques* ?

— C'est un tour de force que de faire rentrer toute ma poésie en douze volumes. Ma conception de la poésie est en question. La poésie, pour beaucoup, ce sont des textes où on va à la ligne. On peut aller à la ligne sans que ce soit de la poésie. Quand on ne va pas à la ligne, on appelle ça de la prose et on considère que ce n'est pas de la poésie. Or il y a des proses qui sont de la poésie, par exemple Chateaubriand. Le premier poème de la littérature française, *La Cantilène de sainte Eulalie*, est en prose. L'alexandrin apparaît plus tard. Dans ce que j'ai écrit, il y a ce que je considère comme du poème en prose, comme *Le Paysan de Paris*. Ce n'est pas réductible à quoi que ce soit, ça ne peut exister que comme poème. D'ailleurs, les poèmes en prose ont commencé à exister au XIXᵉ siècle, avec *Gaspard de la Nuit*, et plus tard avec Baudelaire, qui a repris avec précaution cette conception de la poésie en appelant son livre *Petits poèmes en prose*.

Louis Aragon

» Pour publier mes *Œuvres poétiques*, j'ai attendu. J'ai beaucoup écrit dans ma vie. Peu à peu cela s'est amoncelé. Le dernier volume sera fait entièrement de poèmes inédits. Mon éditeur m'a donné pour collaborateur un jeune poète dont j'aime beaucoup l'œuvre, Jean Ristat. À la fin de chaque volume, il y a une partie qui s'appelle « Hors-d'œuvre », qui donne des précisions sans éclat aucun pour expliquer une date, un lieu, qui est qui. Je ne peux pas me passer de lui pour ça. Il y a aussi un certain ton, un certain humour qui donne une certaine couleur à cette collection et qui me paraît indispensable.

Paris, 20 janvier 1973

— Je n'ai pas commencé à vivre quand j'ai rencontré Elsa. Nous avions l'un et l'autre derrière nous des herbiers. Dans nos *Œuvres croisées*, tout est repris. Il y a tous les textes surréalistes que j'ai pu retrouver. L'histoire du surréalisme tient une place considérable, la première place, qui commence avec ma rencontre avec André Breton au Val-de-Grâce au mois de septembre 1917. Cela ne s'appelait pas encore le surréalisme, mais c'était déjà tout ce que nous avions de commun, malgré mon absence parce que j'étais au front à cette époque. Le surréalisme part de ce qu'ont écrit ensemble Philippe Soupault et André Breton, *Les Champs magnétiques*. Soupault m'a confirmé il n'y a pas longtemps qu'ils ont bien

Dialogues interrompus

failli ne pas paraître parce que Soupault et Breton n'étaient pas sûrs d'eux. Ils s'étaient juré que si je trouvais ça inintéressant, ils mettraient tout au feu. Le surréalisme commence en 1919, Tzara arrive dans les derniers jours de décembre ou en janvier 1920, et Dada en France va de 1920 à l'été 1921. Le surréalisme renaît de ses cendres et prend sa forme à partir de 1923, à la parution de *La Révolution surréaliste*, qui s'est ensuite appelée *Le Surréalisme au service de la révolution*.

— On vous considère comme un personnage de parti pris.

— Je voudrais connaître des gens qui ne sont pas de parti pris, je n'en ai jamais rencontré. Mais tout ça c'est de la poussière. Regarde ce qui est tombé en poussière de toutes les bibliothèques depuis le commencement.

— Y a-t-il des gens qui arrivent à vous faire changer d'avis ?

— Je cite tout le temps Barrès. Encore maintenant. Il y a énormément de choses que je n'aime pas dans Barrès, mais ce que j'ai aimé, je l'aime encore profondément.

— Accepteriez-vous de penser que dans la peinture moderne, dans la poésie, il y a de l'intellectualisme ?

— Je ne comprends pas ce que ça veut dire. L'intellectualisme veut dire le jeu de l'intelligence. Ce qui s'oppose à l'intellectualisme, si nous voulons parler français, c'est la sottise. Le mot « intellectuel », prononcé dans certaines chansons de ma connaissance, n'a jamais représenté pour moi que l'expression des imbéciles.

— Je vous posais la question en opposant l'intellectualisme aux sentiments, à la sensibilité.

— La sensibilité relève d'êtres vivants qui possèdent un intellect. Un être sans intellect, qu'est-ce que c'est ? Mon cher ami, il en est de ceci comme des choses physiques : il y a des choses qui font jouir et d'autres qui ne le font pas. Expliquer comment et pourquoi est impossible. J'ai été un enfant sur les genoux de ma nourrice, dans une école avec des petites filles. Puis j'ai été dans une école chrétienne, puis dans un lycée, puis j'ai fait ma médecine. Tout ça, ce sont des époques, et à partir d'un certain moment il est indiscutable que les femmes ont joué un grand rôle dans ma vie. Quand j'ai rencontré Elsa, j'avais trente et un ans. Avant cela, il y a eu des femmes que j'ai aimées à proprement parler, mais il y a des amours qui tournent court ou qui se défont de la part de l'un ou de l'autre, ou de la part des deux. Il suffit de prendre *Le Paysan de Paris* pour comprendre, quand je parle d'une femme des Buttes-Chaumont et des promenades que nous avons faites, qu'elle est quelqu'un dont on retrouve le reflet dans des poèmes du *Roman inachevé*. Je ne la nomme pas. Puis il y a eu Nancy Cunard. Nous avons vécu deux ans ensemble. Elle voulait me quitter et j'ai voulu me tuer. C'est quand cela s'est défait et que je ne croyais plus à la possibilité de survivre que

Dialogues interrompus

m'est arrivée la plus grande aventure de ma vie : Elsa. J'étais un abominable coureur, je ne l'ai plus été du jour où je l'ai rencontrée. Après Elsa, la vie n'est pas possible du tout. Je n'ai pas cessé de l'aimer. Pour plaire aux gens, je veux bien me suicider. Et si je vois des gens jeunes, c'est que les vieux m'emmerdent d'une façon générale, comme ils l'ont fait toute ma vie.

LILI BRIK

En novembre 1975, Yvonne Baby, qui dirige les pages culturelles du *Monde*, me commande un article sur Lili Brik, icône russe, sœur d'Elsa Triolet, et muse de Maïakovski. Lili a eu trois maris : Ossip Brik, Vitaly Primakov, assassiné sur ordre de Staline en juin 1937, et Vassia Katanian, qui l'accompagne à Paris. Ils sont venus inaugurer une exposition de dessins de Maïakovski.

Je m'extasie devant la tresse de Lili.

— D'habitude on me parle plutôt de mes yeux, me dit-elle en riant.

Dès le début de l'entretien, elle dénonce l'antisémitisme soviétique. L'article paraît. Aragon m'appelle :

— Tu n'aurais pas dû parler de l'antisémitisme russe. Si elle rentre à Moscou, ils la mettent au goulag.

Mais avant de se tirer une balle de revolver dans la tête, Maïakovski, le poète de leur révolution, avait écrit une lettre : « Lili, aime-moi. » Elle était intouchable.

Dialogues interrompus

Paris, 2 décembre 1975

— Quand je vous ai vue tout à l'heure, j'ai eu un choc, il y a une telle ressemblance entre Elsa et vous ! Vous avez la même voix.

— C'est la voix de ma mère, celle d'Elsa et la mienne. Une seule voix. Un jour, à l'hôtel, à Moscou, nous étions dans une pièce toutes les trois, et Aragon, dans une autre, nous a crié : « Ne me rendez pas fou avec votre monologue ! »

» Quand Elsa est morte, Aragon nous a demandé à Vassia et à moi de venir vivre avec lui. J'ai pleuré, mais j'ai refusé. Je ne peux pas quitter la Russie. J'ai tout là-bas. La langue, et puis tous les malheurs. Et Maïakovski, et Brik. Tout ça est là-bas. Je ne peux pas m'en aller, même si je ne dois me nourrir que de pommes de terre. Je ne savais pas que le communisme donnerait ce résultat. Nous avions une vie très intéressante. Les années vingt comme là-bas, je ne les vois nulle part. Pendant la révolution nous étions heureux, le monde allait changer. Nous l'attendions, cette révolution. C'était unique. Brik nous faisait des cours d'économie politique. Maïakovski avait des armes et toutes sortes de choses révolutionnaires.

— Des bombes ?

— Oui. C'était la révolution, contre les tsars et contre le clergé. Ça n'allait pas très bien. Il y avait des gens qui ne savaient pas lire. Maintenant tous les Russes savent lire et tout le monde achète

Lili Brik

des livres. On mourait de faim avant, maintenant non.

» J'ai des ennemis en Russie, parce que je suis juive. Les Russes sont antisémites, surtout un type assez haut placé. C'est par lui que tout se fait contre moi. Dans les livres, on m'efface des photos où je suis avec Maïakovski. Il est appuyé à un arbre, je suis à côté, un coup de gomme, je n'y suis plus. Ils ne donnent pas de travail à Vassia, parce qu'il est avec moi. Nous vivons de ma petite pension, qui est celle de Maïakovski. Cinquante roubles par mois. Aragon nous a envoyé une grande somme, par un homme qui est le chef des banques. En ce moment ça va très bien, mais on dit que cela va finir, et alors je ne sais pas ce qu'on fera.

» On veut faire de Maïakovski un monument, mais moi je ne parle pas de lui comme d'un monument. Ils ont maintenant arrangé un musée affreux, une station de métro en marbre et en bronze.

— Primakov, votre deuxième mari, a été fusillé.

— On l'accusait d'avoir comploté contre Staline. On a su ensuite que c'était faux, Staline avait tout manigancé. J'ai cru que Primakov avait vraiment comploté et me l'avait caché. Comme si j'étais indigne de le savoir, comme si j'allais le dénoncer. Je ne suis devenue sa veuve que quinze ans plus tard, quand Khrouchtchev a divulgué la vérité. Je n'ai jamais été plus malheureuse de toute ma vie. Je m'en veux aujourd'hui encore de l'avoir soupçonné de m'avoir

Dialogues interrompus

dissimulé quelque chose. Sur le conseil de Brik, qui me voyait si désespérée, j'ai bu. Je suis devenue ivrogne. Vassia à ce moment m'a dit : « Je vous aime depuis toujours. » Et je l'ai épousé.

— Quelles sont vos joies ?

— La poésie, l'art, la musique. J'aime Chostakovitch, Schönberg, la musique moderne. J'adore la danse. Et la peinture. J'ai des amis peintres à Moscou. J'aime Picasso, Braque. J'ai bien connu Fernand Léger. Pas par Aragon, mais par Elsa. Nous étions jeunes et nous avons dansé dans les bals publics avec Léger. J'ai beaucoup aimé les livres de Pasternak. Nous n'étions pas très bien ensemble parce qu'il avait d'autres principes politiques que les miens, mais longtemps, en cachette de sa femme, il est venu chez nous. Tous les jours. C'était le front gauche de la littérature.

— Et Soljenitsyne ?

— J'ai lu ses premiers livres sur le goulag. C'est un très grand écrivain, mais ce qu'il fait ne me plaît pas. Hertz a dit sur les écrivains une chose très juste : ils ne sont pas des médecins, ils sont le mal. Quand Soljenitsyne écrit le mal, il est génial. Quand il veut être médecin, il est mauvais.

» Quand Maïakovski lisait ses poèmes, il portait une bague avec deux diamants. On lui envoyait des petits billets qui disaient : « Ça ne va pas à votre figure. » Il répondait : « C'est pour ça que je ne mets pas ces diamants sur le nez mais au doigt. » Il était très grand, immense. Je passais sous sa main. Vassia

Lili Brik

a raconté la vie de Maïakovski jour après jour, ce sera peut-être traduit en français. Dans les œuvres complètes de Maïakovski, le dernier volume sera le livre de Vassia. On vient souvent chez nous pour nous interroger sur cette époque. Des élèves accompagnés de leur maître d'école.

— Vous avez écrit des romans.

— J'ai écrit des Mémoires sur Maïakovski. Dans le temps, Maïakovski m'a fait écrire jour par jour ce que coûtait le cocher, le pain... J'ai aussi beaucoup écrit sur notre enfance, mais quand Staline a fait chercher Primakov chez nous, au moment de la perquisition, j'ai plongé tous mes écrits dans de l'eau chaude et tout le passé avec ses mots a disparu. Il n'y avait rien de contre-révolutionnaire, c'était tout à fait intime. Mais je ne voulais pas que les hommes de Staline me lisent.

— En ce moment, êtes-vous encore espionnée ?

— Je pense que oui. Chez nous, il doit y avoir des micros. Nous n'avons pas une vie très amusante, mais tout de même, il y a du monde qui vient du Bolchoï, et des poètes, bien sûr, beaucoup d'étrangers. Il y a moins de violence, à Paris. Chez vous, je peux aller dans un restaurant. Les restaurants, ça n'existe pas chez nous, on fait la queue pour faire les courses. Et souvent il n'y a rien. On repart le ventre vide. C'est ça, à quoi est arrivé le communisme.

Dialogues interrompus

Paris, 6 décembre 1975

— Vous savez, la chambre où Maïakovski s'est tué, j'avais la clé. Après sa mort, on me l'a donnée. J'y suis allée. J'ai pris le thé. J'ai mangé des bonbons. J'y suis restée, ça m'a fait plaisir, j'ai fermé la porte, j'ai donné la clé au musée, c'était fini.

Paris, 15 décembre 1975

— Ne dites pas que j'étais la femme de Maïakovski. Nous ne nous sommes pas mariés. Ni à l'église ni au commissariat. Nous avons été ensemble pendant quinze ans, et pendant dix ans nous avons habité ensemble, Maïakovski, Brik et moi. Ce qui a fait scandale mais on s'en fichait. Il voulait que le futur soit aujourd'hui. C'est pour ça qu'il s'est suicidé. Il n'avait pas de patience. Dans le futur, il voyait le communisme. Le vrai communisme. Que tout le monde vive comme des hommes et pas comme des cochons.

» C'est Elsa, la première, qui a rencontré Maïakovski. Elle me l'a présenté, une nuit, à la campagne[1]. J'arrivais de Moscou. Mon père était malade. Il avait un cancer. J'étais près de la maison, assise sur un banc. J'ai vu au loin dans la forêt un homme dont je ne distinguais pas le visage. Il faisait très sombre.

---

1. Le 15 juillet 1915.

Lili Brik

Une cigarette brillait. J'entendais une voix qu'on ne pouvait pas oublier. La voix s'éleva : « Elsa, viens donc te promener. » Elsa m'a demandé : « Est-ce que je peux ? » et elle est partie avec lui. Ensuite, comment retourner à la maison sans elle ? Maman aurait été furieuse que je l'aie laissée partir dans la forêt avec ce futuriste. Quand Elsa est revenue, je l'ai sermonnée. Elle s'est tournée vers Maïakovski : « Tu vois, je t'avais dit que Lili allait nous gronder. » Ce fut notre première rencontre. Après, il est venu chez mes parents et chez Brik. De retour de Finlande, il m'a demandé : « Connaissez-vous mes poèmes ? — Non — J'ai un poème, je peux vous le donner à lire ? » Je l'ai lu tout haut et tout à fait correctement. Je savais lire les vers. Il a été étonné. « Ça ne vous plaît pas ? — Pas beaucoup. » Il est parti. Puis je suis allée enterrer mon père. J'ai beaucoup souffert de sa mort et j'ai beaucoup maigri. Et Maïakovski est venu me rendre visite. Quand il m'a vue, il a dit : « Vous avez catastrophiquement maigri. » Il était tout différent de la fois précédente, lui avait un peu grossi.

» Brik ne lui demandait jamais de nous réciter ses vers. « Écoutez, nous dit Maïakovski, je vous propose de vous lire *Le Nuage en pantalon.* » Debout dans l'encadrement de la porte, il était très beau, très élégant. Dans la rue, tout le monde le regardait. Pourtant il portait les habits les moins chers. Il mesurait un mètre quatre-vingt-treize. Il nous regardait comme si nous étions très nombreux alors que

Dialogues interrompus

nous étions six, sept, pas plus. Il a lu le poème, c'était la perfection. Brik s'est exclamé : « Même si vous n'écrivez plus jamais rien, vous êtes déjà un poète génial ! »

» Maïakovski avait vingt-deux ans, j'en avais vingt-trois. Il s'est assis près d'Elsa, a pris du thé au samovar, il avait l'air tout à fait heureux. Il s'est emparé du petit cahier dans lequel était écrit *Le Nuage en pantalon* et m'a demandé : « Me permettriez-vous, Lili, de vous dédier ce poème ? » J'ai répondu : « Oui, mais il est écrit pour une autre femme, est-ce que vous en avez le droit ? » Il s'est alors défendu : « Il y a beaucoup de femmes là-dedans. Je les ai réunies dans le nom de Maria, c'est le nom le plus féminin. » Alors il a écrit dessus : « à Lili Iourievna Brik. »

» Brik lui a demandé : « Qui va imprimer ce poème ? — Personne. — Pouvons-nous le faire nous-mêmes ? — Oui, mais combien ça va coûter ? » Le père de Brik était marchand de corail, il l'achetait en Italie et le vendait au Pakistan et en Sibérie. Brik, avant son service militaire, travaillait avec lui. Il était assez riche. Il nous envoyait de l'argent. Imprimer le poème coûtait cent cinquante roubles. Je n'en suis pas si sûre. Enfin, nous avons reçu ce petit livre jaune dont certaines pages avaient été censurées.

» Maïakovski était un poète tout à fait révolutionnaire, de forme et de sens. Quand j'ai annoncé à Brik : « Maïakovski et moi, nous nous aimons, qu'est-ce que tu en penses ? », il m'a répondu : « Je te

Lili Brik

comprends, mais je te supplie de me promettre une chose : ne nous séparons jamais. » Et nous ne nous sommes jamais séparés, ni Brik ni Maïakovski ni moi. Nous vivions à trois dans l'appartement. Pas dans le même lit, pas du tout ! Pas un ménage à trois : une amitié. La plus profonde. Elsa était à Moscou avec maman.

» Avec mes parents, j'avais une grande liberté. Petite, je me querellais toujours avec Elsa, mais quand j'ai été grande, je me suis beaucoup occupée d'elle.

— Pourquoi Elsa a-t-elle la réputation d'être autoritaire et dure ?

— Elle avait le sens de ce qu'elle devait faire. Moi, je suis beaucoup plus légère. C'est Aragon qui se tenait à elle, elle ne le tenait pas du tout. Il pouvait partir quand il voulait. Elsa ne dominait pas. Quand elle dominait Louis, c'est parce qu'il l'avait décidé.

» Chez nous, toute la bibliothèque était à Brik. Maïakovski n'avait pas le temps de lire. Brik lisait, Maïakovski écrivait. Le matin, quand on se levait, Maïakovski demandait à Ossip comment Dante avait écrit ceci ou cela. Brik avait une très grande culture. Dans le genre d'Aragon. Il savait tout, il connaissait beaucoup de langues. Il était d'une bonté fantastique. Tout ce qu'il inventait, il le donnait. À tout le monde. Le structuralisme vient de lui.

» Maïakovski a tout de suite écrit comme un maître. Jamais un mauvais poème. Je pense qu'il

Dialogues interrompus

savait qu'il était un génie. En même temps, il n'était pas sûr de lui. Quand il était heureux, il l'était jusqu'au ciel. Quand il était malheureux, jusqu'à l'enfer. Il exagérait tout. Par exemple la jalousie. Quand il est allé à Paris, c'est lui qui a présenté Louis à Elsa. Il savait que Louis était dadaïste. Ils étaient à La Coupole, à des tables voisines, Maïakovski a demandé au garçon d'inviter Aragon à sa table.

» La première fois que Maïakovski a voulu se suicider, c'était en 1916. Il me téléphone le matin : « Adieu Lili, je me tue. » J'ai crié : « Attends-moi. » J'ai pris un cocher, j'ai battu le cocher à toute force dans le dos pour qu'il avance plus vite. Quand je suis arrivée, aussitôt j'ai vu le revolver sur la table. « Ça n'a pas marché, a soupiré Maïakovski. Je t'ai attendue. »

— Avez-vous avez été heureuse avec lui ?

— Je ne me demandais pas si je l'étais. Quelquefois je me regardais dans un miroir, je mettais des étoffes et me promenais devant lui. Quand il faisait chaud, je pouvais marcher tout à fait nue dans l'appartement. J'étais très bien faite. Il me regardait : « Tu es jolie. » Pendant que j'étais avec lui, je ne pense pas qu'il ait eu d'autres femmes. Peut-être. Je ne sais pas. Il m'entourait d'un tel amour !

— Et son amour pour Tatiana ?

— C'était à un moment où nous n'étions plus ensemble. J'avais mes histoires, il avait les siennes.

Lili Brik

Il m'a tout raconté de Tatiana. Pendant leur romance à Paris, il l'avait surprise sous une porte cochère dans les bras du vicomte Duplessis. Alors il est allé voir Elsa. Il était très fâché et très triste. « Ça va s'arranger. » Elle voulait le consoler. « Non, la tasse peut être recollée, mais on ne peut plus y boire. » Quand il m'a retrouvé à Moscou, je l'ai prévenu qu'il ne s'attende pas à ce qu'elle revienne. « Une femme qui fait des chapeaux pour des Américaines à Paris ne voudra pas vivre avec un poète qui n'a pas deux paires de pantalons. »

— Vous n'étiez pas jalouse de cette liaison ?

— Je m'étais séparée de lui peu à peu, je n'en voulais plus.

» En 1925, j'étais très malade. J'ai pensé : s'il veut encore faire l'amour avec moi, on se séparera. Cela n'allait plus. Cela ne me faisait plus plaisir. Alors il a compris. Il est parti pour l'Amérique[1]. Là-bas, il a eu un autre roman qui a duré cinq mois. Quand il est revenu, il n'a plus rien voulu avec moi, il était simplement très tendre et caressant. Je rentrais d'Italie. Nous nous étions retrouvés par hasard à Berlin, dans le même train. Là, nous nous sommes aimés plus que jamais, mais nous ne couchions plus ensemble. C'était fini. Il avait une histoire d'amour plus sérieuse. Il était très amoureux d'une femme charmante mais mariée. Elle voulait coucher avec lui mais ne voulait pas que son mari l'apprenne.

---

1. Le 28 mai 1925, pour une tournée de conférences.

Dialogues interrompus

« Je ne suis pas quelqu'un qu'on cache » était le maître mot de Maïakovski. Il a gâché la vie de cette femme. Il avait des centaines de soupirantes. Il ne voulait que la femme dont il n'était pas sûr.

Moscou, 2 août 1976

— À quel âge avez-vous rencontré Brik ?
— J'avais treize ans. Il en avait dix-sept. J'étais à l'école quand je suis tombée amoureuse de lui. C'était en 1905, il était notre instructeur en économie. Il s'intéressait beaucoup à la politique. Il a été chassé de l'école à cause de ça. Il était socialiste. Je l'écoutais. Sa sœur, qui était dans une classe plus âgée, m'a demandé : « Comment fais-tu pour plaire à mon frère ? — Comme instructeur, il me plaît beaucoup. » Après il y a eu l'arbre de Noël chez eux. Sa sœur m'a invitée. Quand Brik a allumé les chandelles, j'ai pensé : mon Dieu, quels beaux yeux il a ! Tout à fait naïvement, comme on parle d'une poupée. Puis dans un traîneau il m'a reconduite à la maison. Les traîneaux étaient très étroits. L'homme prenait la femme par la taille. Donc il m'a prise par la taille : « Lili, est-ce qu'il ne vous semble pas qu'il y a entre nous quelque chose de plus que l'amitié ? » Ça m'a beaucoup plu. Ensuite il a commencé à venir chez nous. Je tombais de plus en plus amoureuse. Nous nous sommes embrassés, j'allais avoir quatorze ans.

Lili Brik

» Avec maman et Elsa, nous sommes allées en Allemagne. J'ai envoyé mon adresse à Brik. Je n'ai pas reçu de réponse. J'ai écrit encore une fois, et après trois ou quatre lettres, j'en ai écrit une dans laquelle je disais qu'il ne m'aimait plus. Et mes cheveux s'en sont allés par mèches. J'étais malheureuse comme jamais. J'avais un tic qui commençait : je fermais un œil, il restait collé comme un rideau qu'on ne peut remonter. À quinze, seize, dix-sept ans, on m'a fait beaucoup de propositions de mariage. À quinze ans, près d'Ostende où nous étions avec maman, un étudiant belge m'écrivait lettre sur lettre. Pour en finir, maman m'a dicté une lettre de rupture. Il a répondu par une carte postale avec un lierre, il était écrit : « Je meurs où je m'attache. » Plusieurs fois, je lui avais dit : « Oui, je veux me marier avec vous. » Mais un jour, par hasard, j'ai revu Brik dans la rue. Alors j'ai changé d'avis et j'ai dit à l'étudiant belge : « Je ne me marie pas avec vous. » À vingt ans j'ai épousé Brik.

— Comment vos parents l'ont-ils accepté ?

— J'étais une terreur à la maison. Brik était fils d'un marchand et quand il venait chez nous, mon père, qui était avocat, n'était pas content. Nous n'étions pas riches. Il y avait tout de même deux pianos. Pour nos soirées de musique. Quand Maïakovski est venu pour la première fois, il s'est moqué de notre portrait de Tchekhov. Il l'a fait enlever du mur. Dès lors, maman a beaucoup changé. Elle s'est

Dialogues interrompus

modernisée. Et puis elle a travaillé comme secrétaire quinze ans à notre ambassade à Londres.

— Votre histoire d'amour avec Brik a duré combien de temps ?

— Jusqu'à aujourd'hui. Combien de temps j'ai couché avec Brik ? Trois ans. Pendant un an ça s'est arrêté, Brik était militaire, et ensuite Maïakovski est arrivé.

— Vous avez tout de suite été amoureuse ?

— Pas moi, mais Maïakovski est devenu fou.

Moscou, 3 août 1976

— La chaise sur laquelle vous êtes assis, c'est la chaise de maman. Ça, ce sont de vieux plateaux en fer peint. Au mur, des photos de Picasso et de Chagall. Malevitch aussi. Il est mort de sa belle mort, comme on dit. On ne l'a pas tué. Ce Fernand Léger est un beau tableau. Nous étions très amis. Nous l'avons enterré, vous savez. Il nous avait dit : « Choisissez le tableau qui vous plaît. » L'armoire de ma chambre, c'était l'armoire de maman à Londres. Deux fois je suis allée la voir là-bas. Une fois avec Brik, nous y sommes restés deux mois. Je dansais toutes les nuits. Nous n'avions pas d'argent, alors on marchait beaucoup. Il fallait une heure pour aller de chez ma mère au dancing. À Londres, Elsa travaillait. Maman connaissait quatre langues parfaitement : l'anglais, l'allemand, le français et le russe. Revenue en Russie, elle ne mangeait plus. Elle est morte pendant la guerre. Nous l'avions envoyée au Caucase, chez sa sœur et son mari médecin. Nous avions pensé que la guerre n'irait jamais jusque-là. Elsa adorait maman. Moi, je l'ai aimée beaucoup, j'aimais causer avec elle, mais je ne peux pas vivre avec les parents, je ne sais pas pourquoi. Je ne peux qu'avec un homme que j'aime. Avec Elsa, impossible aussi. Quand elle était écrivain, avec son mari Aragon, un mois, deux mois, oui, mais trois c'était trop. Elle était trop jalouse. Tout était si facile pour moi et pour elle tout était difficile. Elle travaillait, moi je ne travaille jamais, ou comme ça, en passant. Et puis elle aimait ceux qui ne l'aimaient pas. Moi j'aime ceux qui m'aiment.

» Aragon, c'était tout pour Elsa. Après elle a eu peur de la vieillesse, moi je n'y pense jamais. Les premières années avec Louis ont été difficiles, il partait pendant deux ou trois jours. On ne pouvait pas le trouver. Ensuite, cela a été mieux. Elsa lui disait : « Ne te regarde pas dans le miroir, assieds-toi. Arrêtons-nous un peu de marcher. » Mon Dieu, les jambes d'Elsa ! Ça a toujours été une tragédie. Elle allait chez des médecins. Des professeurs. On voulait lui couper les jambes, c'était de la folie. Un jour, Aragon a téléphoné, on n'entendait rien, mais Vassia a compris : « Elsa est morte, je veux que vous veniez pour l'enterrement. » Nous avons eu le visa tout de suite. L'appartement était plein de fleurs. Le cercueil

Dialogues interrompus

était dans le bureau d'Elsa, mais fermé. J'en voudrai toujours à Aragon pour ça.

Septembre 1976, lettre de Lili

Vendredi

François-Marie chéri,

Vassia et moi avons trouvé plusieurs photos des endroits où Maïakovski m'a aimée. La place à Petrograd, les deux gares de Moscou et de Petrograd. Vous aurez toute une collection de photos de Maïakovski et moi, comme des timbres-poste. Enfin, tout ce qu'il vous faut pour faire un livre. Un gros livre.

Nous sommes toujours à la campagne, à Peredelkino. Je me sens si mal, mes pieds sont gonflés, mes jambes me font mal mais nous nous promenons chaque jour deux fois. Le temps est bon, mais il fait froid. Les deux derniers jours, il y a eu beaucoup de soleil. Les petits jumeaux viennent nous amuser.

Qu'est-ce que je peux vous raconter ? Je n'ai rien à raconter. Je veux vous voir tous, je vous aime tous, j'aime Yves[1], j'aime Pierre[2], j'aime Pascal[3] et je vous

---

1. Yves Saint Laurent.
2. Pierre Bergé.
3. Pascal Greggory.

adore tous ensemble. Vassia me regarde et sourit. Il vous aime aussi beaucoup, beaucoup, beaucoup.

Je parle très mal le français bien que chaque jour, toute seule, je parle avec vous. Je vous raconte des histoires, de vraies histoires qui ne sont pas des mensonges.

Il y a une semaine, Térésa et Robert[1], nos amis ambassadeurs du Canada, ont dîné chez nous. Ils vous aiment déjà. Térésa vous aime, et je l'envie parce qu'elle vous verra plus tôt que moi.

Voilà. Je fais un petit entracte mais je n'arrive pas à vous quitter.

Samedi

Bonjour !

Aujourd'hui, c'est samedi. J'ai relu tout ce que j'ai écrit hier. Ça n'était pas très intéressant. Nous venons de recevoir les photos pour le gros volume que vous ferez sur moi. Le petit chien que Maïakovski a dessiné, on peut le mettre dedans. Au milieu du livre. Ou à la fin. Comme une vignette. Tout est écrit de l'autre côté des photos. Qui ça représente et où ça a été pris. J'attends encore deux photos des trains, peut-être je les aurai demain, à temps, mais je ne pense pas.

Aujourd'hui il fait beau temps. Je croyais qu'il commençait à faire chaud, mais non. Maintenant

---

1. Robert Ford, ambassadeur du Canada en URSS de 1964 à 1980, poète et traducteur.

Dialogues interrompus

nous avons fermé les portes et les fenêtres, ça m'ennuie déjà d'être au froid.

Qu'est-ce que j'ai voulu vous dire ? Je ne sais pas, je veux vous dire tant de choses. Je veux tellement vous voir, et je serai si contente si Pierre vient, parce que vous tout de même je vous ai vu après Pierre. Lui et Yves, je ne les ai pas vus depuis longtemps.

J'ai beaucoup de choses à vous dire, à vous tous. Tous les autres me semblent tellement banals, tellement… tellement zéro. Ils ne m'intéressent pas du tout. Je voudrais tellement que vous continuiez à lire beaucoup. Moi j'aime la poésie. Et j'aime les poèmes. Il passe tout le temps par ma tête de vieux poèmes que je croyais avoir oubliés. Ils prennent vie dans ma tête, je les cite, je les déclame en moi. Mais à vous je voudrais les dire parce que ce sont des poèmes qui racontent ce que je pense en ce moment.

Il y a un chapitre dans mes Mémoires sur Maïakovski. Maïakovski aimait les poèmes d'autres poètes. Il lisait toujours des poèmes, mais jamais de lui. C'était Blok, c'était Pouchkine, c'était Khlebnikov, c'était un tas de poètes, c'était Akhmatova, même des poètes banals dont il se souvenait dans des cas où il pensait à quelque chose dans ce genre et que ces poètes avaient aimé. Je voudrais parler russe avec vous, mais quand je cause avec vous, je cause en français, je le fais à haute voix.

Vous êtes tous ensemble, vous les garçons, pour moi. Mais j'ai parlé plus avec vous, François-Marie, c'est pourquoi peut-être je pense plus à vous. Pas que je pense plus à vous, mais je vous parle plus. Je vous parle toute la journée. Je voudrais savoir comment va votre livre. Je voudrais le voir, mais je me sens si mal que je ne sais pas si j'y arriverai. Je suis vraiment malade. Mais ma maladie, c'est ma vieillesse, c'est mon âge. C'est triste, mais rien à faire. C'est idiot de parler de ça, parce que tout ça est normal.

La mort, est-ce que ce sera aujourd'hui ou demain ? Dans six mois, peut-être. Si c'est dans six mois alors nous nous verrons encore. Je parle sans penser à ce que je dis, et vous croyez : pourquoi cette idiote me parle pendant deux jours et va me parler encore une journée ? Mais vous aurez un joli petit livre si vous le faites. Et si vous ne le faites pas, vous ne l'aurez pas, vous aurez quelque chose d'autre.

Demain, je vous dirai si j'ai encore des photos des trains qui me manquent.

Dimanche

Je vous attends, je vous attends, je vous attends, je vous embrasse. À bientôt.

Paris, 17 octobre 1976

— François-Marie, je veux aller dans votre maison, regarder les photos, les livres, faire un peu

Dialogues interrompus

l'intellectuelle. Je suis contente qu'Aragon n'ait jamais quitté le Parti, ça aurait été une trahison. Il faut que j'achète des parfums. Sans parfum je m'ennuie. Là-bas, j'ai des tas de parfums. Avant de me coucher, je demande à Vassia : « Vassia, quel parfum voulez-vous que je porte ? » Sans regarder la table, il dit : « Troisième bouteille à gauche. » Et après, il doit deviner duquel il s'agit. Il se trompe souvent. Parfois il tombe juste.

— Il est tard, vous avez peut-être envie de vous reposer.

— Non. Je suis contente de vous avoir retrouvés tous les deux, Pascal et vous.

Paris, 19 octobre 1976

— Je ne vivrai plus très longtemps. Peut-être que je vais me suicider.

— Et Vassia ?

— Il se suicidera peut-être aussi.

— C'est gai pour un déjeuner.

Elle rit aux éclats.

— Vous croyez au bon Dieu ?

— J'y crois. Quand je suis arrivée à Paris, Elsa était morte. C'est horrible. Mais est-elle vraiment morte ? Gogol, on l'a enterré vivant. Oui... oui... Quand on a rouvert le cercueil, il était tourné sur le côté.

Lili Brik

Paris, 22 octobre 1976

— Je vais vous dire deux petits poèmes de Maïakovski, des poèmes composés quand il était très jeune. Il avait vingt ans. Je les sais par cœur :

D'un coup j'ai cassé la carte du quotidien,
en versant de la couleur, du vert,
j'ai montré sur un plat de poisson froid les tempes
bridées de l'océan,
sur les écailles d'un poisson de fer j'ai lu les appels
des lèvres nouvelles.
Et vous, est-ce que vous pouvez jouer un nocturne
là où l'eau coule ?
Dans la ville, quand il pleut,
il y a comme des flûtes, de longues flûtes de haut
en bas.

» C'est tellement beau. Et voici l'autre poème :

Je suis venu chez le coiffeur et j'ai dit tranquille-
ment :
Soyez gentil, laissez-moi les oreilles
et le coiffeur, qui était très calme, est devenu tout
en épingle,
son visage est devenu comme une poire, fou, rouge,
les mots ont sauté, les insultes se succédaient
et l'on entend un ricanement
venant d'une tête qu'on voyait de la foule comme
un vieux radis...

» Il aimait beaucoup quand je lisais ses poèmes. Quelquefois, quand nous nous promenions, je lisais durant des heures. Il aimait. Vous connaissez *Le Nuage*

Dialogues interrompus

en pantalon ? Ça commence comme de la prose. On croit que c'est la maladie qui vous tourne la tête, qui vous hallucine. Ce commencement est très beau.

— Aimait-il les poètes français ?

— Il avait un bon ami, le peintre futuriste Bourliouk, qui s'était tatoué un arbre sur la joue. Il lui traduisait Rimbaud mot à mot. En général, il aimait les poètes russes. Il adorait Khlebnikov. Il savait Pasternak par cœur. Avec Pasternak, c'était un roman. On pourrait dire que Pasternak était une femme et Maïakovski un homme. Maïakovski était toujours calme. Pasternak était nerveux.

— Maïakovski était torturé, non ?

— Il se torturait pour écrire ses poèmes. Il souffrait beaucoup pour les questions de la révolution. À quinze ans, en prison, il n'avait pas encore écrit pour la révolution. Après, il a étudié la peinture et a commencé à écrire des poèmes et à travailler pour l'art du futur.

— Si Maïakovski était là, ne serait-il pas écœuré par ce qui se passe en Union soviétique ?

— Il s'est suicidé pour ne pas être écœuré. Il voyait qu'il ne pourrait plus vivre. C'est une histoire, une histoire avec la révolution, une histoire avec Tatiana, une histoire avec moi. Vassia dit toujours : « La révolution vous prend ce qu'elle a promis. » Elle a promis beaucoup, on l'a crue et elle a repris ce qu'elle avait promis. La Révolution française a fait comme ça aussi.

84

Lili Brik

— Votre révolution ne pouvait réussir parce qu'elle était idéologique et pas économique. On ne peut pas...

— On ne peut pas quoi ?

— D'abord priver les hommes de liberté.

Paris, 24 octobre 1976

— Ce matin, il faisait vingt-cinq degrés, et maintenant treize. Ça change, et ça change. C'est mal pour les nerfs et les jambes. Et comme je ne suis pas très nerveuse, c'est surtout les jambes. François-Marie, je porte tout le temps votre châle vert. Il est très chaud. C'est votre chaleur. Vous ne ressemblez à personne.

» Je pense beaucoup à la mort. Je pense à la mort comme une idiote, pas comme une philosophe. Je pense qu'à mon âge, cela doit finir. Je ne peux plus rien, et j'attends. Est-ce que ce sera aujourd'hui, ou demain, ou dans six mois ? Je vous parle tous les jours. Comment va Pascal ?

» François-Marie, je ne suis pas jalouse, Vassia se trompe. Si je commence à l'être, je me sépare de celui qui me rendrait jalouse. J'ai trop d'amour-propre.

Paris, 28 octobre 1976

— Lili, vous aimez Hölderlin ?

— Je ne l'ai jamais lu.

Dialogues interrompus

— Pour Aragon, c'est le plus grand poète. Plus grand que Shakespeare.

— Aragon, avec ses gants blancs, il peut changer d'avis tout le temps…

— Ce sont les gants d'Elsa. Ce soir, j'ai organisé un dîner avec certains artistes pour Vassia et vous, vous y rencontrerez Jeanne Moreau.

— C'est une actrice, je crois ? Elle a chanté Elsa ?

— Elle a participé à un hommage à Elsa au Trocadéro. Quand elle a envie, elle devient la femme qu'elle veut.

Paris, 12 novembre 1976

— Brik a écrit que vous vouliez régenter l'amour de Maïakovski.

— J'ai voulu diriger l'amour, mais tout le monde veut diriger l'amour. Maïakovski a voulu diriger mon amour.

— Les deux mois pendant lesquels Maïakovski et vous étiez séparés, avec qui était-il ?

— Avec personne. Et moi non plus. Après ces deux mois, j'ai recommencé avec lui, avec une nouvelle force. Ça a recommencé jusqu'à l'Amérique. Maïakovski n'était pas curieux. La vie des autres ne l'intéressait pas. Il ne racontait jamais rien. S'il avait rencontré quelqu'un dans la rue, il ne le disait pas. La psychologie de Dostoïevski l'intéressait. Il a souvent parlé d'écrire un roman,

Lili Brik

mais il n'a jamais pu. Il avait trouvé le titre : *Les Deux Sœurs*.

» Sa mère louait des chambres dans son appartement, parce qu'ils n'avaient pas de quoi vivre. Là-bas il y avait des communistes, des bolcheviks. Il avait quatorze, quinze ans, il a entendu tout ça et ça lui a beaucoup apporté. Il ne voulait pas qu'il y ait des riches et des pauvres. C'est tout à fait primitif. Il a lu Marx et des philosophes bolcheviks. Il a volé un pistolet chez quelqu'un, et il a été jeté en prison. L'homme que j'ai préféré comme homme, comme être humain, c'est Brik.

— Comment s'est arrêtée la vie de couple avec Brik ?

— C'était naturel. On se mettait au lit le soir, on couchait ensemble. C'est quand on est allés à Petrograd que le service militaire nous a éloignés. On se voyait très peu. Et je suis tombée amoureuse de Poudovkine, un cinéaste très intéressant et même amusant. Je me suis tout de suite très bien entendue avec lui, physiquement et intellectuellement. J'aurais pu partir avec lui. Mais quand les choses sont trop belles pour être vraies, ça ne sert à rien de les faire durer. Et puis, le cinéma, ce n'était pas si loin du monde de nos poètes, mais, comme je vous l'ai dit, c'est à la liberté que va mon cœur.

— Si Primakov avait réellement comploté contre Staline, l'auriez-vous moins aimé ?

Dialogues interrompus

— Pas du tout. Je trouvais qu'il n'avait pas le droit de m'avoir caché quelque chose d'aussi grave. J'avais trente-huit ans. Il aurait dû me faire confiance. Après sa mort, fusillé par Staline, j'ai tout fait pour l'arracher de moi alors qu'il n'était pas coupable. Malheureusement pas coupable.

— Est-ce qu'il y a toujours autour de vous des écrivains révoltés par ce qui se passe en URSS ? Avez-vous rencontré Soljenitsyne ?

— Un matin, il prenait le café chez notre voisine, qui est venue nous dire : « Soljenitsyne est chez nous, il voudrait vous voir. » Nous avons mis une robe de chambre et nous sommes sortis pour lui dire bonjour. Je lui ai dit qu'un jour il serait dans la bibliothèque à côté de Tolstoï et Dostoïevski. Il m'a répondu : « J'essaierai d'être digne de votre espoir. »

» Maintenant, je ne vais plus nulle part. Presque jamais à l'Union des écrivains. Même pas au concert, ni au théâtre. Notre cercle d'amis est très resserré, aucun bureaucrate n'en fait partie. Maïa Plissetskaïa est une des personnes qui m'intéresse le plus. Elle avait dix-neuf ou vingt ans quand nous l'avons vue pour la première fois. Ensuite, nous allions la voir chaque fois qu'elle dansait. Nous avons vu peut-être soixante-dix fois *La Dame de pique* de Tchaïkovski, trente-sept fois *Carmen*. J'ai adoré Meyerhold. Il m'a prise pour que j'enseigne aux acteurs à lire les vers. Ses répétitions, c'était un théâtre.

Lili Brik

— Ce matin vous voulez mettre un cierge à l'église, mais ne m'avez-vous pas dit ne pas croire en Dieu ?

— Mais c'est comme ça. Je suis absolument sûre que je ne crois pas. C'est une des rares choses dont je suis sûre. Quel malheur de continuer ! Il n'y a absolument rien. Je ne veux pas de cimetière, de fleurs, je veux qu'on m'oublie, mais on ne peut pas m'oublier parce qu'il y a Maïakovski, et ça m'est égal puisque je ne serai plus.

— Pensez-vous que Maïakovski se serait suicidé si vous aviez été sa fidèle épouse ?

— Si j'avais été sa fidèle épouse, il m'aurait laissée tomber. Il m'adorait parce que j'étais moi-même. Il était né pour se suicider.

— Je ne peux pas penser que Maïakovski se soit suicidé pour des idées politiques. Dans ses poèmes, je vois la politique comme un prétexte à faire de la poésie.

— Il n'y a pas que de la politique dans sa poésie, il y a les thèmes de sa vie, comme l'amour. Il pressentait peut-être tout ce qui allait suivre, Staline, le goulag. Personne ne pouvait imaginer qu'il y aurait le goulag, mais lui, il savait qu'il ne pourrait plus travailler comme avant, librement, parce qu'il avait beaucoup d'ennemis, souvent des écrivains qui avaient le pouvoir. En Russie, j'ai toujours eu des ennemis, d'abord parce qu'on est jaloux des femmes. C'est surtout la sœur de Maïakovski qui a commencé. Elle était folle. Avec énergie elle a tout fait pour

Dialogues interrompus

me faire du mal. Elle était bien avec les gens du pouvoir.

— Au moment d'ouvrir un roman, qu'en attendez-vous ?

— Qu'il raconte tous les défauts des hommes de l'univers.

Moscou, 3 août 1977

— François-Marie, vous partez bientôt en train pour Saint-Pétersbourg avec Pascal ? Ce sont de vieux wagons. Quand Maïakovski était à la guerre, j'allais au musée tous les jours. J'allais à pied à l'Ermitage, chaque soir je visitais une salle. Quand vous reviendrez, allez au cimetière. Il y a la tombe de Brik et celle de Maïakovski. On nous a proposé, à la femme de Brik et à moi, de le mettre dans la terre. Non, on l'a mis dans le mur du monastère de Novodiévitchi. Là-bas, il y a une église avec des icônes jusqu'en haut, c'est très beau. Pour moi, c'est le plus bel endroit de Moscou. Comme je ne peux plus y aller, j'envoie de l'argent à une femme qui y met de l'ordre. Pour Brik, il n'y a qu'une plaque, sans date. J'ai mis des fleurs dans la terre. La vue du cimetière, ça ne me fait rien, alors que si je vois l'écriture de Brik, même maintenant, ça me fait mal. Je ne vais jamais sur la tombe de Maïakovski. Auprès de lui, il y a sa

mère et ses deux sœurs. C'est un lit pour quatre
personnes.

8 mai 1978, lettre à Lili

Chère Lili,

Quel dommage que nous soyons si loin. La vie
est difficile. Pascal est très gentil mais ça y est,
c'est décidé : il fera le frère d'Emily Brontë, de
Charlotte et d'Anne, dans le film qui se tournera
sur leur vie [1]. Il va partir quatre mois en Angleterre. À qui d'autre dire que cela me désespère ?
Mais je suis d'une tristesse infinie et encore plus
triste parce que je suis triste de cette nouvelle qui
devrait me réjouir. Il ne me sera pas possible
d'aller souvent en Angleterre, je les gênerais dans
leur travail. Le temps sera long. Pascal me dit
d'avoir confiance mais il aura de l'argent et de la
gloire, fatalement il voudra son indépendance. Dès
maintenant je devrais faire l'effort de me montrer
désinvolte, le laisser faire, ne pas lui poser de question, mais comment aimer sans vouloir participer ?
Je devrais déchirer cette lettre, mais c'est un mor-
ceau de moi.

Le roman, le théâtre et moi, traînons, traînons.

Si vous écrivez un petit mot à Pascal dans une
enveloppe pour lui seul, vous pouvez le féliciter pour

_____

1. *Les Sœurs Brontë*, film d'André Téchiné.

Dialogues interrompus

le projet mais donnez-lui un mode d'emploi pour les séparations.

Embrassez pour moi Vassia. Pas un mot de ceci à Térésa.

Je vous embrasse de tout mon cœur, ma petite Lili.

Moscou, 29 juillet 1978

— La vie vous a-t-elle été par moments plus facile ?

— Les deux premières années. Avec Brik. Il n'y avait rien de désagréable. Ni la famine, ni le manque d'argent. Les choses simples peuvent vous aider à être gai.

— Le rire enferme.

— Et vous riez beaucoup. Maïakovski avait beaucoup d'humour. Il travaillait toujours. Il disait qu'il faisait des plans, mais je pense tout de même que c'étaient des collages, des morceaux qu'il collait les uns aux autres. Vous avez vu comme ses dessins sont beaux, les Fenêtres RosTa, ces fameuses affiches. Sans cette exposition à Paris, nous ne nous serions jamais rencontrés ! Il avait des idées, comme de faire des poèmes sur Lénine et sur les cent cinquante millions d'habitants de Russie. Je suis restée à Londres pendant trois mois, je n'obtenais pas mon visa. En attendant, j'ai vendu tout ce que j'avais pour acheter du chocolat, des liqueurs. J'étais seule là-bas.

Lili Brik

» Je n'ai jamais aimé deux personnes à la fois. Comme je n'aime pas boire dans deux verres. Maïakovski partait souvent deux ou trois mois pour lire ses poèmes. On le payait pour ça. Il y avait la police à cheval. On ne pouvait pas entrer tant il y avait de monde. On était assis les uns sur les autres. La jeunesse l'adorait.

» En 1930, nous avons passé deux jours à Rotterdam où nous avons acheté des cadeaux pour Maïakovski, des cigares, une canne et des cravates. Puis nous sommes allés à Berlin et nous avons reçu un télégramme qui nous disait qu'il s'était suicidé.

Moscou, 31 juillet 1978

À la demande de Lili, quatre jours avant qu'elle mette fin à ses jours, Pascal et moi sommes à son chevet, à Moscou :

— Maïakovski est réapparu dans mes rêves il y a deux semaines. Il me demandait de le rejoindre. La nuit suivante aussi, il m'a appelée. Et la nuit dernière une fois encore. Vassia, tu es encore jeune, tu n'as que soixante-quinze ans. Et moi je suis vieille maintenant. Et je ne veux pas que tu sois l'esclave d'une femme qui pense tellement à Maïakovski. Savez-vous que Vassia a mis trente ans à me dire qu'il m'aimait ? Avant, il ne pouvait pas, il était le meilleur ami de Maïakovski. Après sa mort, il aurait eu l'air de profiter de la situation. Il a attendu, sans

Dialogues interrompus

attendre, pendant toutes les années où j'étais la femme de Primakov. Il est très laid, Vassia, mais je l'aime. En Russie, on se dit les choses comme ça, en face des gens. En plus tu étais marié, Vassia, n'est-ce pas ?

» J'aurai eu beaucoup de romans. Où que j'aille, je voyais tout de suite qui me plaisait, et je repartais à son bras. Vassia, c'est avec toi que je suis restée le plus longtemps. Quarante ans. N'est-ce pas, Vassia ?

CHARLES DE NOAILLES

1967. Un jour d'automne, Marie Laure me pousse en avant dans le salon de son mari, Charles de Noailles.

— Je vous amène un ami. Il a vingt ans. Apprenez-lui tout ce que vous savez et qui ne figure dans aucun livre de classe. On se met à table dans un quart d'heure. Vous commencez aujourd'hui.

De mois en mois, les quarts d'heure s'allongèrent et les terrains de conversation s'élargirent. Les samedis où je montais à cheval chez sa fille, Natalie, à Fontainebleau, le vicomte, allant la voir, me donnait rendez-vous à l'église Saint-Sulpice, devant les fresques de Delacroix.

— Lisez Lavater, me recommandait-il, cette bible de la physionomie peut vous servir. Observez, observez.

Sa syntaxe me fascine, comme tous les protocoles par lesquels une société s'élève ou se délite.

Il me fait faire des exercices pour retenir ambiances, milieux, perspectives et façons d'être.

Dialogues interrompus

Combien de milliers de lettres a laissées ce mécène singulier, botaniste savant, créateur de jardins admirés par tous ?

Paris, 19 août 1975

— Vous m'avez dit l'autre jour que vous n'aviez pas lu *À la recherche du temps perdu* comme un chef-d'œuvre.

— Non, mais à chaque épisode je me jetais dessus comme sur un feuilleton. De parution en parution, la curiosité augmentait. Je le lisais pour prendre des nouvelles des amis. Je m'attachais à Odette, en vrai Laura Heymann, que nous avons protégée à la fin de sa vie, parce qu'elle avait été liée à mon beau-père. C'eût été indigne de l'abandonner dans une petite chambre d'hôtel.

» Proust m'avait aperçu chez Larue, il voulait me connaître. Il n'a pas osé traverser la salle du restaurant, ce que j'ai regretté.

Paris, 5 novembre 1975

— Vous n'avez jamais été dominé par une passion ?

— Je ne crois pas. Une ou deux fois des désirs physiques. Mais j'ai toujours eu très peu de tempérament.

Charles de Noailles

— Vous seriez-vous suicidé pour quelqu'un vous ayant abandonné ?

— Non, non ! Si je m'étais suicidé, je ne veux pas dire que ce serait par ennui, mais par mépris de moi-même, comme de l'humanité.

— Vous avez toujours eu ce mépris ?

— Il me semble.

— Pourtant, regardez votre amitié par exemple avec René Crevel.

— Il était tellement gentil ! Mais l'amitié, ce n'est pas ça. Ce n'était pas de l'admiration non plus, mais de la sympathie pour sa gentillesse.

— Vous ne prenez jamais personne dans vos bras ?

— Je ne touche pas les êtres. Même les animaux. J'ai eu un chat, mais je ne le laissais jamais venir sur mes genoux.

— La souffrance vous fait peur ?

— Chez moi ou chez les autres ?

— Chez les autres.

— Je ne supporte pas de voir quelqu'un souffrir.

— Donc vous êtes sentimental.

— Je ne me l'explique pas.

— Vous n'avez pas l'impression de cacher vos sentiments ?

— Je ne crois pas. C'est possible que, par réflexe, je me masque à moi-même, mais il y a des tas de choses que je ne peux même pas regarder. C'est idiot mais je n'ai pas l'idée d'aller à une course de taureaux. Toute ma vie, même enfant, j'ai eu horreur

Dialogues interrompus

d'aller au cirque. L'éclat m'amusait un peu, les chevaux en liberté beaucoup, mais j'avais horreur de voir une cage avec un animal et un dompteur. Je fermais les yeux. Je ne regardais pas.

Fontainebleau, 2 mars 1976

— À dix-huit ans, vous pensiez quoi de la vie ? Les gens vous intéressaient ?

— Oui. J'étais assez regardant. D'au-dessus. Très intéressé par les mouvements de l'humanité et les choses autour de moi. Mais une seule personne en tête à tête, c'est autre chose.

— Je vous ai vu sourire devant quelqu'un dont l'habillement était trop parfait.

— Marie Laure avait une nouvelle robe, je ne m'en apercevais pas. Les hommes, je n'ai aucune idée de comment ils sont, sauf quand, comme vous dites, ils sont trop habillés et prennent un air d'opéra.

— Vous seriez né dans un autre milieu, vous imaginez-vous dans une maison de garde-barrière ?

— Souvent je me suis demandé : est-ce que j'aurais pu faire ça ? Et je me suis dit que j'aurais très bien vécu à la campagne. S'il fallait vivre pauvre, j'aurais apprécié une petite maison dans les bois, avec un ruisseau. Une situation genre garde-chasse, j'aurais assez aimé. Pendant la Première Guerre, nous étions en cantonnement derrière Choisy-au-Bac où il y avait deux officiers tout jeunes, comme moi. J'avais vingt-deux ans. Les gens, dans ce temps-là, pour repérer le son des canons allemands dans la forêt, vivaient par les sentiers. Ils avaient un abri là, on leur apportait des victuailles. C'était l'été. Au printemps, c'était de la haute futaie, quelques arbres autour d'eux, et je me suis dit : voilà un genre de vie où je serais parfaitement heureux. En hiver, je ne sais pas.

— Avez-vous eu des admirations profondes ?

— Pour des humains ?

— Oui. Qui auraient changé votre vie.

— Non.

— Et en rêve ? Pour des héros de légende.

— Non. J'admire si je réfléchis à ce qu'ils sont, mais je ne suis pas porté à l'admiration parce que je suis d'une nature très terre à terre.

— Vivant parmi des chefs-d'œuvre, vous niez le sentiment dans le fond. La beauté fait vivre dans un autre monde.

— Je vous l'ai dit, je suis de nature très terre à terre. Et je pense que j'ai très peu de sentiments. Le goût pour le goût, oui, mais pas pour la possession.

— Il y a pourtant eu tant de femmes folles de vous.

— Il n'y a pas eu de femmes folles de moi. Pas à ma connaissance. Je n'ai jamais été moi-même fou d'amour pour quelqu'un. À un moment, j'ai eu une dame très gentille. J'ouvre le journal, elle était dans ma garçonnière deux jours avant et je lis : « Mme X a épousé telle personne. » J'ai été pris d'un fou rire. Ça, pour être ridicule, c'est ridicule, moi qui croyais qu'elle reviendrait après-demain...

— Seriez-vous cynique ?

— Oh, je ne crois pas du tout, non.

— Vous êtes indifférent.

— Je me demande. Dans un cas comme ça, j'aurais dû être vexé, mais je me suis dit que c'était comique. Je n'attends rien des humains. J'aime plus les objets que les humains.

— Et la famille pour vous, c'est un bloc. On le taille comme on peut.

— J'ai eu quelques sentiments, dont le principal, curieusement, a été pour Marie Laure. Car quand nous nous sommes connus, je me suis dit : ce sera une très bonne vie, ça va très bien. Et puis ça allait très bien. Mais quand je me suis aperçu que ça n'allait pas, que ça n'irait pas, eh bien, ça m'a porté un coup.

— De votre côté, vous avez transformé le sentiment que vous aviez pour Marie Laure en protection. Vous vous êtes écrit et téléphoné tous les jours. Donc c'est une histoire d'amour. Admettez-le.

— Dans la vie, c'est un tout. J'admirais les amis de Marie Laure. Sa fantaisie, sa culture furent un immense apport. Quand elle découvrait un nouvel ami, elle l'adorait à la troisième rencontre. Chez moi, le sentiment ne vient que goutte à goutte, donc ça prend très longtemps.

Charles de Noailles

Paris, 6 juillet 1976

— Vous avez été ami avec Jean Cocteau ?

— Drôle d'homme. Il était en face de vous, mais il n'était jamais avec vous, il était avec Cocteau.

— Et avec Beistegui ?

— Oh non, Charles de Beistegui, pas du tout, non. C'était un personnage parfaitement sec pour moi. Il avait un côté physique que je n'avais pas. Il prenait uniquement ce qui lui était utile. Je me rappelle qu'à Venise, nous rencontrons Emilio Terry, un grand ami à lui et à moi, il ne l'a pas salué. Charles était furieux. Après il en a ri, me disant : « Emilio, avec sa perte de mémoire, nous donne plus d'amusement que ses dérangements. Il a déjà oublié que je lui ai manqué. »

— C'est ça, le cynisme.

— Oui, si le cynisme c'est s'avouer qu'un ami qui perd la mémoire peut donner de l'agrément.

— Je ne vois aucune méchanceté en vous.

— On est méchant quand on a des passions, ou quand on est envieux, je n'ai pas le souvenir de ce genre de sentiments.

— Vous n'avez jamais eu peur de perdre quelqu'un, à part Marie Laure ou les enfants ?

— Voilà.

— Vous êtes ruiné demain, ça vous est égal ?

— Non, je ne peux pas dire ça. Mais si je pouvais m'arranger une vie discrète. Maintenant c'est plus difficile, les jours où ça va mal, je n'arrive pas à sortir seul.

Dialogues interrompus

— Le luxe des Noailles n'a jamais été ostentatoire. Comment se fait-il que Marie Laure, si joueuse, n'ait pas aimé provoquer ?

— Ce n'était pas une parvenue. Je me suis dit parfois : comme ça doit être amusant d'avoir un énorme yacht. Mais jamais nous n'avons eu le vrai désir du luxe.

— Pour vous, c'est quoi le luxe ?

— Une chose qui n'a aucune importance. Ce qui en a dans la vie de tous les jours, c'est le confort, et ne pas envier quelqu'un d'autre. Ce qui m'aurait fait horreur, ç'aurait été de commettre le péché d'envie. Voir quelqu'un avec une superbe auto, mais non, c'est idiot, puisque je n'ai jamais aimé les autos, enfin un bibelot beaucoup plus joli, une chose dont j'aurais eu le désir au point de me dire : quelle chance a eue celui qui l'a acquise ! Pour être envieux, pour être ambitieux, pour être tout ça, il faut un caractère que je n'ai pas. Je considère qu'on a une responsabilité d'action envers les autres quand la Providence vous a donné des avantages que les autres n'ont pas.

— La fortune que vous avez vous donne des privilèges ?

— Oui, sûrement. La fortune à deux. Marie Laure était beaucoup plus riche que moi. J'ai regardé. C'était à peu près quatre à cinq fois plus que moi. Si je ne l'avais pas épousée, j'aurais dû travailler.

— À quoi a servi cette fortune ?

Charles de Noailles

— Quand je regarde ça, je me dis que ça n'a pas servi comme ça aurait dû. Il y a des choses plus utiles.

— Vous avez aidé quantité d'artistes. Vous avez été des mécènes. Vous avez financé des films de Buñuel, de Cocteau, de Man Ray.

— Beaucoup de tout ça, c'était Marie Laure. Oui, elle savait que je faisais ça aussi et approuvait.

— Quels ont été les artistes qui vous ont le plus touché, qui vous émeuvent ?

— Figurez-vous que j'ai beaucoup aimé un homme qui était d'un ennui fatal. Et avec ça, j'avais pour lui énormément d'attachement. Je vous parle du sculpteur Henri Laurens, vous ne le connaissez probablement pas.

— J'aime énormément ce qu'il fait.

— Il était grand, discret, pas beaucoup plus vieux que moi. J'aurais assez aimé l'appeler Henri et qu'il m'appelle Charles, mais j'ai compris que ça le gênait. Il m'appelait « monsieur de Noailles » et moi je lui disais « cher ami ». J'aimais ses sculptures. Il fut cubiste avant Picasso. En revanche, je n'ai jamais eu la moindre sympathie pour Lipchitz, qui a fait des fontaines pour nous. Pierre Clémenti, lui, ça me fait grand plaisir de l'apercevoir, bien qu'il soit encore beaucoup trop maigre.

— Voilà des sentiments.

— Oui, seulement Clémenti je ne le connais pas. Je constate juste que j'éprouve du plaisir à le voir. Il pêche à la ligne. Il peut rester deux heures immobile à fixer le bouchon sur l'eau... J'ai assez le goût de la peinture pour être touché par un tableau. Suis-je touché par le sujet ? Je suis touché par le maître. Ce fut le cas avec Dalí, Miró, Brancusi, Giacometti.

— Vous n'êtes pas bouleversé par *La Fiancée juive* de Rembrandt ?

— Non, d'ailleurs je n'aime pas beaucoup Rembrandt. Je l'admire, évidemment, mais ce n'est pas la même chose. *La Fiancée juive*, en effet, il n'y a pas plus beau tableau. Mais s'il y a un peintre qui me touche plus que les autres, c'est Vélasquez.

— Vous savez pourquoi ?

— Non, je n'en ai pas la moindre idée. C'est comme ça.

— Et la musique, jamais...

— Marie Laure me demandait : « Combien de fois avez-vous entendu *Tristan et Isolde* cette année ? Deux fois, trois fois, pas plus ? » Dès qu'il y avait une représentation, j'y allais.

— Quel est l'art qui vous touche le plus ? L'architecture ?

— Oui, sûrement. Parce que c'est harmonieux. Parce qu'il y a le sentiment du poids et du contrepoids. Pour moi, le plus grand architecte, c'est Palladio. La plus belle architecture, c'est lui et ses descendants, jusqu'à Ledoux. Tous les gens qui ont fait des colonnes et des choses droites. Je suis sûr qu'il y a des architectures gothiques très belles, mais ça ne m'apporte rien.

Charles de Noailles

Paris, 21 janvier 1977

— Comment réagissez-vous devant la vulgarité ?

— Je souffre un peu.

— Quand vous êtes distant, n'est-ce pas pour protéger une vie intérieure ?

— Je n'en sais rien. Peut-être... Je ne dis pas du tout qu'il n'y a rien à l'intérieur.

— Je vous vois comme un rêveur. Gardien de vos secrets.

— N'est-ce pas une bonne raison d'être ?

— Croyez-vous qu'on s'éduque ?

— Je ne crois pas. Ce que je n'aime pas chez les gens, ce sont ceux qui se sont fabriqués. J'aime les gens tels qu'ils sont. C'est comme l'écriture. Maintenant, personne n'écrit plus, mais enfin, vous voyez, une écriture fabriquée, eh bien cela m'intéresse moins de la lire. Marie Laure avait un peu manipulé son écriture, mais pas exagérément. Il y a des gens qui ne l'ont pas fabriquée, ou c'est la bonne sœur de leur couvent qui la leur a fabriquée.

— Fait-on des progrès ?

— Non plus. Je ne crois pas du tout que ce soit bien élevé d'être distant comme je suis. C'est une condamnation de la nature. J'ai toujours eu le désir de ne pas me laisser approcher par les humains. Je suis gêné par quelques vieux amis à moi qui avec l'âge posent la main sur mon bras quand ils me parlent. Je n'ose pas le leur dire, mais cela m'est désagréable. J'ai une amie, qui n'est pas une très grande amie,

107

mais qui est une amie de tout temps et de toute ma famille, il y a une chose que je ne supporte pas chez elle, c'est qu'elle parle en s'approchant à vingt centimètres de mon visage, ça m'est physiquement désagréable, alors je recule et j'arrive contre un mur ou, si je suis assis, je me penche de plus en plus en arrière.

— Être le vicomte de Noailles, c'est être obligé d'apparaître dans une certaine société, dans des cercles, d'avoir une vie mondaine ?

— Oui, mais je n'ai jamais mis les pieds dans un cercle, sauf en Angleterre, où on entre dans un club quand on en est membre. On connaît la plupart des gens qui sont là, on prend le journal et on le lit. On s'en va à la salle à manger, on s'assoit. Quand j'étais jeune, je suis allé dans un cercle français, il y avait vingt personnes, il fallait dire bonjour poliment à chacun des vingt. Je n'y ai jamais remis les pieds depuis le jour où mes deux parrains m'ont amené avec un chapeau haut de forme à la main pour me présenter. Ça me paraissait tellement ridicule, des gens dont je n'aurais jamais retenu le nom.

— C'est terrifiant, ce besoin.

— Ma famille est tout, et pourtant, quand j'étais libre, après la Première Guerre, je voyageais. J'allais aux Indes. Ce qui me plaisait là-bas, c'était de prendre une chambre à l'hôtel, d'avoir une voiture à cheval et d'aller voir toutes les choses qui me tentaient. Une ou deux fois, j'ai rencontré des gens que je connaissais ; j'avais plutôt tendance, s'ils ne m'avaient pas vu, à traverser la rue. Le plaisir d'être dans un pays où personne ne connaissait mon nom, ni moi le nom de personne...

— La solitude ne vous pèse jamais ?

— Je n'en ai pas le souvenir, à moins d'avoir une grave préoccupation. Une fois, je suis revenu brusquement de Venise parce que mon frère, qui rentrait de voyage de noces, avait une crise de paludisme. J'ai fait là un voyage où j'étais un peu préoccupé. Mais quand je ne suis pas préoccupé, je suis content d'être seul.

— Est-ce que Marie Laure était mondaine ?

— Pas du tout. Marie Laure était hospitalière, elle aimait être entourée d'artistes. Être mondain, ça consiste à aller à une chose où on regarde à droite et à gauche, on dit bonjour à quelqu'un, on commence une conversation, quelqu'un vous interrompt, on ne sait plus ce qu'on disait. J'en ai toujours eu horreur et Marie Laure aussi.

Paris, 2 octobre 1977

— Quelles choses vous font vibrer ?

— C'est très bête, presque enfantin, mais il est certain que les attelages de chevaux m'intéressaient plus que quoi que ce soit d'autre. J'ai un souvenir précis : quand monsieur l'abbé me donnait ma leçon, il y avait un livre sur l'Égypte. Je me le rappelle encore. Je pourrais le réciter par cœur. Je relisais à

Dialogues interrompus

chaque fois la façon dont était construit un char égyptien à deux chevaux et comment les conducteurs tenaient les rênes quand on tirait avec un arc sur le gibier. Je chassais à courre, je montais à cheval parce que cela se faisait. J'aimais bien mais ce n'était pas du tout une passion comme celle que j'avais pour les équipages.

— Et puis il y a les jardins.

— Ils sont venus plus tard. Il y a une chose dont je me suis souvenu cet hiver seulement, quand il est sorti une source dans mon jardin à Grasse. J'ai eu une espèce de choc et j'ai pensé : mon Dieu, mais c'est mon sentiment d'autrefois.

» Quand j'avais treize ou quatorze ans, au moment des vacances de Pâques, nous avons été, mon frère et moi, chez des amis franco-américains qui vivaient à Paris. Lui était le maître d'équipage de la chasse à courre à Pau. Il nous prêtait des chevaux. J'aimais assez la chasse au renard. Je me rappelle qu'un jour, à pied, en remontant un ruisseau, je suis arrivé à l'endroit où il sortait de terre. Il y avait un petit rond avec de petits bouillons. C'était l'eau. Et j'ai été fasciné par cette source. Plus tard, dès que j'ai circulé en voiture en France, je suis allé à l'endroit où la Loire disparaît et ressort à Orléans. On a découvert son chemin grâce à la fluorescéine. On en met une poignée dans l'eau, ça lui donne une ravissante couleur verte pendant une centaine de kilomètres.

» Le goût de l'eau qui sort de la terre et celui des équipages sont les deux pivots de ma nature. Tout ça n'est pas très glorieux.

— Vous devriez être fier d'avoir découvert des artistes très jeunes qui se sont révélés être des titans.

— Marie Laure avait l'œil pour les peintres, moi pour la sculpture. Elle me disait : « J'ai vu des choses d'untel. Avons-nous de l'argent en ce moment ? Voyez, on pourrait acheter ça. » Marie Laure n'a jamais acheté de tableaux d'un peintre illustre, sauf de Picasso. C'étaient toujours des peintres que le grand public ne connaissait pas. À part les anciens, qu'il nous arrivait d'acheter.

— Le contact avec les artistes vous intéressait ?

— Dalí était amusant, mais il ne me touchait pas. Buñuel, oui, parce qu'il était un personnage mystérieux, mais un tant soit peu ennuyeux. Cocteau avait les côtés d'un homme très sentimental, mais très violent. Par lui, nous avons connu Erik Satie, ce qui nous a amenés à *Parade*.

— Votre goût à Marie Laure et à vous pour les avant-gardes était une religion ?

— Tout de suite après la Première Guerre, quand je suis revenu à Paris, je suis allé avec Mme de Courval à la salle Gaveau pour un festival dada. Ma mère était choquée par les réflexions de gens que nous connaissions : « Voyez comme on se moque du monde ! » Elle leur disait : « C'est nouveau et ce n'est pas ennuyeux. » Je me rappelle un homme qui s'occupait de musique, très lancé, venant nous dire : « Il y a

Dialogues interrompus

quelqu'un sur la scène à qui on coupe les cheveux ! Comment peut-on traiter des gens comme vous avec des choses pareilles ? » Ma mère me dit : « Ces gens sont des imbéciles de refuser l'avant-garde ! » Cet homme, directeur de la Bibliothèque nationale pendant l'Occupation, a eu ensuite beaucoup d'ennuis.

Paris, 5 décembre 1977

— Mon grand-père est mort très jeune, il n'était pas sérieux du tout. Il était maître d'équipage, il chassait à courre, il paraît qu'il disait : « C'est curieux, c'est moi qui bois et c'est ma femme qui a le nez rouge. » C'était l'époque où l'on ne se mettait pas de poudre. Leur mariage n'a pas duré très longtemps. En ce temps-là, on ne se séparait pas, on se voyait peu. Ça a duré quelques années, puis il est mort de la poitrine.

» Il y a une chose qui me frappe toujours dans les familles : on ne sait rien. Les familles ne vous disent jamais les choses qui ne sont pas à leur gloire. Plus tard, on apprend avec une surprise amusée qu'un personnage, qui somme toute était très près de vous, n'était jamais mentionné parce qu'il n'était pas très bien, comme si c'était un parent qu'on n'aurait pas dû avoir.

— Cette exclusion vous choque ?

— Je vivais dans un milieu qui avait très peu de contact avec l'extérieur. On avait beaucoup de

Charles de Noailles

conversations avec les personnalités des Affaires étrangères, les différents ambassadeurs, les ministres qui invitaient et que l'on devait recevoir en retour. On parlait de politique étrangère, très peu de notre politique, on disait : « C'est affreux, le pays va de plus en plus mal. » Mais on ne voulait rien savoir de ce qui se passait réellement dans la famille.

» Ce sont des choses inimaginables ! Mon grand-père Mouchy avait un frère unique qui était mort de la fièvre typhoïde à Naples à l'âge de dix-huit ans. Ça me paraissait tout naturel qu'on me raconte ça, mais quand j'ai appris que mon père était mort de la poitrine à l'âge de trente-trois ans, que ma fille aînée avait des ennuis de poitrine, je me suis dit : on nous a caché cet atavisme. Alors j'ai compris que ce parent mort à Naples était allé là-bas pour soigner ses bronches.

— N'est-ce pas contre l'ennui et l'hypocrisie que dégage cette société fermée que vous avez ouvert les portes aux artistes ?

— À voir les gens du meilleur monde, on ne risque pas de rencontrer Man Ray, Marcel Duchamp ou Aragon. Les artistes, c'était aussi un barrage contre les gens établis, les diplomates, les grands médecins… Je ne sais pourquoi, j'ai toujours eu de l'antipathie pour les médecins.

— Ce sont les mondains qui ont fait passer Marie Laure pour quelqu'un de scandaleux ?

— Oui, parce qu'elle changeait les règles d'un jeu. Quand nous nous sommes mariés, il fallait avoir chez nous, place des États-Unis, une atmosphère

Dialogues interrompus

de distinction. Pendant deux ou trois années, nous donnions des dîners qui avaient un parfum d'élégance. Les femmes portaient les meilleures robes de Paris, des bijoux. Et puis un beau jour, Marie Laure s'est rendu compte, et moi aussi, que c'était sans intérêt. Alors on a commencé à donner le même genre de dîners, mais avec nos artistes. Georges-Henri Rivière amenait chez nous des gens un peu étonnants : Georges Bataille, Balthus, René Crevel, qui est devenu un grand ami de la maison. Christian Bérard, Marie Laure l'avait pêché toute seule. Les Étienne de Beaumont étaient assez admiratifs parce qu'elle connaissait tous les artistes. Avec les artistes, l'atmosphère élégante était perdue. On ne peut pas avoir les deux.

Paris, 20 avril 1978

— Votre goût pour les objets vient de votre mère ?
— Mme de Courval était très liée avec des amateurs de beaux objets. À Paris, elle recevait un ou deux personnages un peu à côté du monde mais qui s'y connaissaient en décoration. Charles Haas était souvent là. Le Swann d'*À la recherche du temps perdu*. Pas mondaine, ma mère donnait pourtant tous les ans une fête. La maison était détruite de la cave au grenier. On bâtissait à côté des écuries des salles en plus. Donner des fêtes, c'était le goût de ma grand-mère, cette petite demoiselle américaine de bonne

Charles de Noailles

société à New York, mais New York ce n'est pas la
bonne société. Ma grand-mère n'était pas de Boston,
ni de Philadelphie. Elle ne s'intéressait qu'à l'art et
n'était préoccupée que d'avoir un joli intérieur.

» Marie Laure, elle, avait le sentiment que beaux
tableaux et croûtes devaient se côtoyer. De retour
de Londres avec un chef-d'œuvre que nous avons
accroché en face du grand escalier, elle me dit :
« C'est idiot, on ne peut pas avoir une maison
comme un musée. Maintenant, trouvez-moi deux
horreurs pour mettre en pendant. » Ça, c'était Marie
Laure. Quant à son œil, il ne faut pas oublier qu'elle
était la fille de M. Bischoffsheim, qui avait su à
temps échanger un immense Rosa Bonheur contre
deux Goya et un van Dyck. Le Watteau vient aussi
de lui. Et d'autres splendeurs. Les juifs ont un sens
de la peinture que n'ont pas les chrétiens. C'est très
net. Moins pour les meubles et les objets. Mais pour
la peinture, ça m'a toujours frappé.

» C'est de son père qu'elle tenait son goût pour
la peinture italienne, qui ne m'a jamais attiré. Elle
a trouvé nos meilleurs italiens en partie chez les anti-
quaires, comme ça, en passant. Le Simone Martini,
elle l'a tiré d'une brocante. Quand Berenson l'a vu,
il l'a aussitôt inscrit au catalogue.

» Moi, pourquoi je suis attiré à ce point par la
peinture hollandaise, je ne saurais vous le dire.

— Quelle est l'œuvre qui a provoqué votre première émotion picturale ?

Dialogues interrompus

— Ce n'est pas très glorieux. À Trouville, dans la maison de Mme de Courval, aux dehors affreux comme toutes ces maisons qui entrent dans la mer, j'ai découvert une gravure de belle qualité. Elle a pour titre : *Les Hasards heureux de l'escarpolette*. Elle m'a porté un coup. Était-ce parce que je l'avais déjà vue en reproduction, ou parce que j'y avais été préparé par d'autres Fragonard très charmants, champêtres ? Ça et un tableau de chevaux de Vélasquez, lequel comblait mon goût pour les équipages.

Paris, 25 mais 1978

— Comment êtes-vous tombé sur *L'Opéra de quat'sous* ?

— Les films intéressants se donnaient au Studio des Ursulines. On y projetait une série de films allemands. Le scénario était de Bertolt Brecht et la musique de Kurt Weill. On s'est dit : commandons à Kurt Weill un film pour la place des États-Unis. Il n'y a eu aucune hésitation sur rien. Il a envoyé son scénario, *Mahagonny*. Ce fut merveilleux et amusant. Il parlait le français, je me débrouillais avec mon médiocre allemand. Il n'était pas beau, il n'était pas très grand. Mais il avait une figure très sympathique. Il avait même du charme. Il est arrivé pour la première fois nous voir avec sa bonne amie, Lotte Lenya, qui était belle. Et quand il est venu avec le film, il avait amené le jeune premier, un

Charles de Noailles

Allemand, fort joli garçon, qui je crois était l'amant de Lotte. Au moment où la situation devenait de plus en plus antisémite à Berlin, elle a quitté Weill, parce qu'il était juif. Elle ne l'était pas. On a donné le film deux fois, puis à la salle Gaveau. Nous invitions tous nos amis.

» Le héros de Kurt Weill était un bandit, un homme qui traînait dans des bars peu élégants, presque un souteneur. Kurt Weill étant arrivé à Paris avec très peu d'argent, Marie Laure eut l'idée de lui proposer de le loger place des États-Unis. Ce qui fut fait. Il était installé là. Très touchant, il m'a dit : « Je suis sauvé par le fait que vous m'ayez invité à Paris avant le danger, et parce que cela m'a fait connaître tous les gens de musique et d'avant-garde. Ça me facilite beaucoup les choses maintenant. J'aurai des commandes et ça ira. » *L'Opéra de quat'sous* avait du succès en Amérique. Enfin il lui arrivait de l'argent. Il n'était plus perdu. Il a pris une petite maison près de Louveciennes. Il vivait là très heureux avec son gros chien. Voyant que les menaces d'Hitler devenaient de plus en plus fortes, il a eu le bon sens de partir pour l'Amérique, abandonnant le loyer de sa maison de campagne et laissant le gros chien. Il me l'a confié. Je suis allé trouver son concierge, à qui je payais une pension pour le chien.

— Vous aviez transformé la salle de bal place des États-Unis, avec le plafond de Solimena, en salle de projection ?

Dialogues interrompus

— Oui. Avec trente-deux fauteuils confortables et des petites tables à côté des fauteuils. Le plus difficile, c'était d'avoir des films. On louait ceux de Buster Keaton pour les amis mondains, qui ne s'intéressaient pas au cinéma d'avant-garde, et ils étaient ravis. Personne n'assistait à la projection sans avoir dîné. Donc on dînait place des États-Unis. Jamais plus de trente-deux. De temps en temps, les auteurs montraient leurs films faits spécialement pour nous. Pour *L'Âge d'or* par exemple, il y avait eu deux ou trois projections dans l'après-midi. On avait mis la salle à la disposition de Breton, qui avait invité ses amis.

— Quelle était l'attitude des surréalistes envers vous ?

— Le plus terrible, ça a été au moment du *Sang d'un poète*. Jean Cocteau avait invité des jeunes qui se jetaient sur moi. Il y avait un mot que je ne pouvais plus entendre et qui était : « J'ai besoin de m'exprimer. » Je répondais : « Je vous comprends mais je ne peux rien faire pour vous. » *Le Sang d'un poète*, *L'Âge d'or*, c'est Marie Laure, absolument. Il y avait aussi Man Ray, qui invitait ses amis. Je figure dans son film. Man Ray était une personne d'une laideur tout à fait remarquable, effrayant et gentil.

» Un jour aux Ursulines, on a donné une chose inconnue, *Un chien andalou*, d'un Espagnol qui était là. C'est ainsi que nous avons fait la connaissance de Buñuel. Le film était intéressant mais pénible. Marie Laure, qui avait du génie, a dit : « Voilà l'avenir, voilà le surréalisme. Malgré votre avarice, il faut demander un film à l'Espagnol. »

» C'était un homme regardant la vie du côté sérieux. Pas du tout cultivé, mais il connaissait bien la musique et certaines choses de la politique. Étudiant à Madrid, il était allé entendre *La Walkyrie* quatorze fois de suite. Ici, dans la pièce rose, quelqu'un jouait du piano, Georges Auric ou Francis Poulenc. Buñuel récitait, avec de grands gestes. Marie Laure, accroupie par terre, disait : « Moi, je fais Odin, caché dans un buisson. »

» Un beau jour Buñuel nous dit : « Il y a un jeune surréaliste très intelligent qui est arrivé d'Espagne et qui est réfugié avec son amie près de Marseille. Vous devriez l'inviter. » Lui, c'était Salvador Dalí, et la dame s'est révélée être Gala, qui avait volé Dalí à Buñuel. J'ai su assez vite qu'elle venait d'avoir une grande scène à Cadaquès et que c'était pour ça qu'elle était là, avec Dalí, qu'elle avait emmené de force pour qu'il ne voie plus Buñuel. Une jalousie physique. Sur la plage, elle s'était battue avec Buñuel.

Paris, 2 juin 1979

— Marie Laure n'aimait pas parler d'Anna de Noailles, vous me parleriez d'elle ?

— Ma mère la connaissait. Je la voyais de temps en temps. Il faut vous dire que ma mère évitait le milieu Greffulhe. Ce n'était pas très gratin. Le

Dialogues interrompus

gratin, c'est autre chose. D'abord, c'est de l'autre côté de l'eau. C'est-à-dire le faubourg Saint-Germain. On n'allait pas de l'autre côté de la Seine. Et réciproquement. On ne traversait pas la frontière. C'était une règle absolue. Rive gauche, on lisait *Le Journal du chasseur* et puis voilà. Celui qui s'installait faubourg Saint-Germain était vu comme quelqu'un cherchant à se pousser dans le monde. Il faut dire qu'il n'y avait pas d'autos. Pour les gens qui habitaient de ce côté de la Seine, aller rue de Varenne, ça représentait, en fiacre, au moins vingt-cinq minutes.

— Le centre de ce qu'on appelait « le monde », c'étaient les d'Harcourt ?

— Ils n'étaient pas franchement d'un bord ou de l'autre. Ils avaient ce château étonnant par sa grandeur, vers l'Yonne. Je ne trouve plus le nom. Ça, c'était le centre du gratin. Ce M. d'Harcourt est président de la société de Saint-Denis, des tombeaux des rois, je vous demande un peu ! Il a accepté en grande pompe une vieille boîte dans laquelle il y avait soi-disant la tête de Louis XVII et dont on était certain que ce n'était pas Louis XVII. Ce coffret avait été offert à Louis XVIII. Il a fait une grande cérémonie. Ça, c'était le très grand gratin. La noblesse vraiment rive gauche, très authentique, qui ignorait tout ce qui était Anna de Noailles.

— Mais qu'est-ce qui fait que les gens sont considérés comme des gens bien ou des gens pas bien ?

Charles de Noailles

— On ne peut pas dire que c'était bien ou pas bien, c'était un autre milieu.

— Auriez-vous reçu Proust ?

— Proust n'était pas reçu rive gauche et il en souffrait atrocement. Il allait tout de même chez les Greffulhe, chez les Gramont, qui étaient un peu sur le bord, comme les Noailles : ils avaient épousé une Rothschild, c'était fini. Comme pour moi : Marie Laure était juive. Un monsieur qui avait fait un mariage comme ça, ça n'était pas possible. C'était de l'argent israélite et, en plus, ma mère était américaine. C'était tout ce qu'il ne fallait pas. Cela ne m'a pas gêné. Ça n'aurait pas gêné les Ganay, ni les Beaumont, des familles qui étaient émancipées.

» Épouser quelqu'un d'une famille régnante est très à côté. On est regardé de travers toute sa vie. C'est payer cher son fauteuil aux enterrements. Ma sœur a épousé un Ligne. Enfin, si elle a été heureuse trois ans, elle aura déjà eu ça. Elle aura amorti sa gaffe. Ma fille Natalie, je savais qu'elle épouserait qui elle voudrait. J'imagine qu'à cheval à Fontainebleau vous êtes seul avec Natalie. Ma fille ne vous impose pas le milieu des courses. Il m'a toujours prodigieusement agacé, comme le petit milieu très fermé dans lequel Anna de Noailles vivait. L'oncle Mathieu, son mari, n'était pas sympathique. Elle disait : « Mathieu est si beau que l'on vendra ses os après sa mort. »

— Anna et Mathieu de Noailles étaient très libres ?

Dialogues interrompus

— Disons que c'était un couple qui ne se voyait guère. À l'époque, cela ne faisait pas scandale tant qu'on ne divorçait pas. On vivait séparément et puis voilà. Anna de Noailles se croyait très belle. Elle tenait à son physique, à ses grands yeux, plus qu'à tout. Elle avait l'air d'un oiseau, elle avait une conversation très brillante. Mais il y a des gens qui ont des conversations brillantes et on se dit, tout de même, c'est de quatrième ordre.

— Marie Laure la voyait ?

— Sûrement pas. Pour elle, il n'en était pas question.

— Marie Laure m'avait dit : « L'enterrement d'Anna de Noailles, pour la famille, a été un triomphe. »

— À Palerme où j'étais allé retrouver une amie italienne, une vieille dame charmante chez qui je dînais tient à me faire montrer son palais par son aumônier. Et passant sa tête au-dessus de l'ecclésiastique elle me demande : « Les journaux, ici, annoncent la mort de la comtesse de Noailles poétesse, est-elle de votre famille ? » De retour à Paris, je dis à Marie Laure : « Tout de même, vous ne l'avez pas su ? » Elle me répond : « Mais si ! J'ai été à ses funérailles ! On m'avait dit de vous prévenir mais j'ai pensé que cela vous dérangerait pendant votre voyage. » Elle ne comprenait absolument pas que ça avait été gênant pour moi de ne pas le savoir. Marie Laure n'avait pas la notion de la réalité. Je crois qu'elle acceptait mon côté respectable ; ce qui l'agaçait, c'est

Charles de Noailles

que j'aie des aventures avec des bourgeoises. Elle aurait voulu pour moi le gotha, qui ne l'intéressait ni de près ni de loin. Elle ne pensait qu'à son personnage.

— Chaque année vous organisiez la visite privée de la reine mère dans le sud de la France.

— Je vois que vous voulez en venir à cette fois où, marchant avec la reine mère et quelques-uns de ses amis au milieu de la rue à Aix-en-Provence, une femme nous poursuivit en criant : « À bas la reine ! » C'était Marie Laure. Jeunes mariés, nous avions été invités par la reine à dîner à Buckingham. Tout proche des grilles, Marie Laure ouvrit la porte de la voiture et me dit : « Vous m'excuserez auprès de la reine, mais je préfère aller manger un *fish and chips* dans un pub. » Je n'ai pas essayé de lui faire changer d'avis. Une fois, à Fontainebleau, j'avais invité des amateurs de jardins anglais. Pendant que je leur montrais les dernières plantations, Marie Laure retirait tous les savants bouquets de fleurs de la maison et les remplaçait par des fleurs artificielles. Le seul à en rire, ce fut moi.

— Pensez-vous que les Anglais pouvaient la comprendre ?

— L'esprit de Marie Laure ne les intéressait pas. Ils ignoraient que Marcel Duchamp, Lévi-Strauss l'appelaient Pic de la Mirandole, qu'elle savait par cœur *La Divine Comédie*, Rimbaud, Shakespeare.

— C'est curieux qu'elle ait épousé un homme si secret.

Dialogues interrompus

— Avant, on avait essayé de la marier avec le fils de la princesse Lucien Murat, mais Marie Laure l'avait trouvé trop simple. Non éduqué. Un jour, elle m'a dit que si elle avait été intéressée la première fois que je l'avais vue, c'est parce que je ne m'étais pas vraiment adressé à elle, je parlais des dernières fouilles d'Amarna. C'était le moment où on venait d'inventer Akhenaton. Sortant du milieu Croisset, où l'on parlait peu d'art, cela lui avait paru passionnant. Et c'est exactement ce que le petit Murat ne pouvait pas faire. Quand elle m'a vu, elle s'est dit : je veux me marier et celui-là n'est pas un imbécile. Pendant quelque temps j'ai eu assez d'autorité, de prestige sur elle. Pendant sept, huit ans, elle a été sous mon influence. Et puis ça a flanché.

— Et si vous aviez eu une passion qui avait contrarié la famille, ou Dieu sait quoi ?

— Si ça n'avait pas été voyant, je me serais laissé aller. J'ai connu trop de gens qui ont le goût de choquer leur famille. Alors il vaut mieux voyager.

— Vous voyagiez comment ?

— En bateau. J'avais un valet de chambre anglais. Mais j'aurais voyagé sans aucune difficulté tout seul. J'ai été à Tahiti, où maintenant tout le monde va comme ça. À l'époque, c'était plus difficile. J'habitais chez un indigène qu'on m'avait recommandé. J'avais une espèce de lit et il y avait une pièce avec de l'eau courante. Le valet de chambre anglais prenait ça beaucoup moins bien que moi. D'autant plus qu'on ne trouvait nulle part où manger. Il y avait

Charles de Noailles

des Chinois qui vous donnaient un petit quelque chose, c'était pareil tous les jours. Je trouvais le moyen de me débrouiller. Ça, c'est un très bon souvenir.

— Vous êtes resté combien de temps à Tahiti ?

— Deux mois. Le bateau ne passait qu'une fois par mois. Enfin on était coupé du reste du monde.

— Et vous n'aviez aucune angoisse ?

— Aucune. Il n'y avait pas de télégramme, il n'y avait rien.

— Vous ne vous ennuyiez pas ?

— Pas un instant. Je voyais des *beachcombers,* très intelligents, et plusieurs auteurs américains, qui écrivaient du matin au soir. C'était le moment où le Pacifique était à la mode, c'était tout de suite après Jack London. Ce fut la fin de mes voyages en solitaire. L'année suivante, je me suis marié [1]. Marie Laure me dit alors : « Je veux voyager. » Nous sommes partis en voyage de noces pour l'Amérique.

» Déjà, là, ça allait moins bien. Nous sommes arrivés à Rio. Le deuxième jour, nous avons été au golf, et sur le parcours un crapaud a jailli. « Je ne veux pas de ça, rentrons en France. » Il a fallu attendre trois jours le bateau.

» Plus tard, pour faire quelque chose, j'ai eu l'idée de voyager sur les rivières et d'aller voir la peinture en Hollande. Nous sommes montés à bord près de Lille et, au bout de deux jours de navigation, elle

---

1. À Grasse, en février 1923.

Dialogues interrompus

a haï ça et a dit : « Je ne supporte pas cet endroit où le paysage change tout le temps. » Ça a été la fin des voyages pour Marie Laure.

— Le mariage aliénait votre vie ?

— Je ne m'en rendais pas compte.

— Quand vous êtes-vous rendu à Dresde, voyage si important pour vous ?

— Bien avant la guerre. J'avais dix-huit ans. C'était un voyage en automobile avec un ami. Je ne retrouve pas l'hôtel où nous étions mais je vois une chose qui s'appelait le Zwinger, qui s'appelle encore le Zwinger, et qui est une espèce de jardin public Louis XV, avec des bâtiments Louis XV tout autour. Je me rappelle avoir trouvé que ça avait l'air d'une pièce montée. Je peux vous en faire un dessin maintenant. Une pièce entièrement peinte en vert, regorgeant d'objets que j'adore. Des objets comme ceux du Louvre dans la galerie d'Apollon, en cristal de roche, en chrysoprase, tout ça monté en or. Le style Benvenuto Cellini. J'ai aussi aimé le palais chinois, avec les porcelaines de Saxe du Grand Électeur, les garnitures de cheminée, les vases en Meissen avec fond jaune ou bleu. Après la dernière guerre, j'ai pensé que c'était fini, que jamais on ne reverrait ces objets, que tout ça était parti pour la Russie, et que jamais je n'irais en Russie. Et tout ça est revenu, au milieu de très beaux tableaux. Il y en avait un banal, la grande *Madone Sixtine* de Raphaël, mais il y avait aussi des Hollandais. Je les revois tous. C'était il y a plus de soixante ans.

Charles de Noailles

— Après Dresde, quels sont vos grands chocs ?

— Les jardins en Italie. J'avais réussi à y entraîner Marie Laure, qui avait envie de voir la peinture italienne. J'aurais été ravi de vivre là-bas.

— Avez-vous été à Sienne ?

— Je me rappelle avoir vu le *Bacchus* du Caravage, gros enfant, gros jeune homme, un grand tableau qui m'avait frappé. *Le Printemps* de Botticelli, pour moi usé par la photographie.

Paris, 1er octobre 1980

— Je me souviens d'un auteur anglais du XVIIIe siècle qui disait : « Le goût chinois est de ne rien sacrifier de la beauté de la nature, de ne rien sacrifier de la ligne droite. » Je viens de lire le livre de Benoist-Méchin : *Les Jardins*. Je me suis jeté dessus et je suis tombé sur quelque chose qui m'a absolument renversé : cet homme-là, qui doit être intelligent, ne regarde pas. Il parle des jardins grecs et romains, mais il faut vraiment être quelqu'un qui n'a pas été en Grèce pour proférer une telle bêtise. En Perse, c'est toujours droit. On voit les monuments romains, c'est droit. Il y a un pays qui n'a jamais fait une ligne droite, jamais, à ma connaissance, c'est la Grèce. Alors le monsieur qui écrit sur les jardins et qui met dans le même panier jardin romain et jardin grec, c'est un monsieur qui n'ouvre pas les yeux. Pour moi, le plus beau paysage fait de la main de l'homme, c'est

Dialogues interrompus

Stourhcad[1]. La grande affaire, c'est le lac. Ce que j'aime, maintenant, c'est le jardin pas exagérément régulier. Il faut des plantations irrégulières dans un jardin régulier où on maintient vaguement de grandes haies sans les tailler. Le mélange de la main humaine et de la nature ayant repris le dessus. À Fontainebleau, chez Natalie, j'ai essayé de donner cette impression.

» Le jardin de Monet, à Giverny, était droit. On arrivait en bas, on traversait à pied une petite route, on poussait la grille et là, de l'autre côté, on était dans l'endroit des nymphéas, avec un pont en face de soi et tout irrégulier. Je me suis dit : voilà, c'est d'un goût parfait. Monet a joué à passer du classique à l'échevelé. C'est merveilleux.

Paris, 25 avril 1981

Jamais le vicomte ne m'avait téléphoné tard le soir. Jamais il ne m'avait appelé ni par mon prénom, ni par mon nom.

— François-Marie, venez me voir demain à Grasse.

— Je suis désolé mais j'ai quarante de fièvre.

— Venez, je ne peux plus rien attraper.

Sa poignée de main est solide. Il me propose une promenade.

Il s'émerveille devant la cascade. Le cuisinier arrive avec une chaise pliante. Les jardiniers se joignent

---

1. Dans le comté du Wiltshire, en Angleterre.

Charles de Noailles

à nous. Comme les autres jours du printemps, ils attendent les consignes. La perte du feuillage en bas des lauriers d'Apollon les inquiète. Le vicomte voudrait les supprimer.

Pendant le déjeuner, il me dit voir flotter autour de nous une poussière d'étoiles. Il me donne des conseils pour l'avenir.

Je fus son dernier visiteur.

Nathalie Sarraute

Le 12 mai 1981, Hector Bianciotti et moi sommes en route pour Chérence, dans le Val-d'Oise, où Nathalie et Raymond Sarraute ont une maison de campagne. Hector veut me faire connaître l'auteur de *Tropismes.*

— Surtout, ne prononce pas le nom de Beckett, ni celui de Beauvoir, me recommande-t-il.

Nathalie Sarraute me tourne le dos. Il n'y en a que pour Hector, qui me dira ensuite :

— Elle te résistait.

À table, j'oublie la mise en garde d'Hector, et je confesse mon admiration pour Beckett. Elle en rit.

Dans les derniers moments de sa vie, sa fille Domi m'a appelé pour que je vienne lui dire au revoir. Nathalie était étendue sur son lit, adossée sur trois oreillers. Une odeur de fleurs venues célébrer ses quatre-vingt-dix-neuf ans embaumait la chambre. Nous avons parlé puis je lui ai proposé de lui lire les premières pages du livre d'Hector Bianciotti.

— Vous feriez ça ?

Dialogues interrompus

Elle sourit. Je découvre que j'ai oublié mes lunettes. Aveugle, j'invente la pampa, les cavaliers, et l'infini. Elle ferme les yeux, sa main dans la mienne.

Paris, 7 février 1982

— Depuis que je suis petite, je ne vois que le mauvais côté des choses. Le travail, si vous croyez que je me jette avec joie là-dedans ! La recherche du thème. La composition. Je ne cherche pas à montrer des choses ineffables sous lesquelles on doit deviner. Je cherche à trouver les formes qui poussent en avant le dialogue.

» Je commence par le mouvement intérieur, ça aboutit parfois au langage. Les mots ne servent que parce qu'ils sont gonflés pour ça. La forme est toujours en mouvement chez moi. Chez Compton-Burnett, la forme est figée et doit se deviner. Moi, je montre le dialogue plat du roman traditionnel. S'il n'est pas préparé par le mouvement intérieur, très réaliste chez moi, ou irréaliste chez Compton, il ne signifie rien.

» Proust, je l'ai découvert avec retard. Je l'ai lu l'été à Chamonix. Je faisais des excursions. J'avais aimé des articles critiques sur lui. J'avais envie d'en parler. Il n'en était pas question, j'étais à la faculté de droit, en train de terminer ma licence. Ce fut un tel bouleversement ! Toute une manière psychique inconnue qui existait en chacun de nous et une forme entièrement neuve. Et puis *Ulysse* de Joyce.

» En 1926, j'ai lu *Mrs Dalloway*, qui m'a paru un chef-d'œuvre. Entre Virginia Woolf et moi, il y a une différence radicale de tempérament. Chez elle, ce sont des consciences ouvertes où s'engouffrent toutes les belles images. Elle ne les a pas cherchées pour la beauté, mais parce qu'elles sont évocatrices. Elle montre que cette succession d'instants est suspendue comme dans un halo. C'est parfaitement juste. Chez moi, c'est une action. Ce n'est pas la description d'un milieu social, ça a été prélevé dans un milieu bourgeois, intellectuel, le seul que je connaisse. Sartre n'a pas décrit la vie des mineurs de fond, que je sache ! Proust fait de l'analyse encore ancienne. Flaubert avait écrit ce qui n'avait jamais encore été écrit : ce qui se passait chez quelqu'un en toutes lettres. *Madame Bovary* avait la tête bourrée de faux clichés depuis l'enfance : l'amour, la maternité, l'art, la religion, c'est ça son malheur.

Paris, 8 février 1982

Nathalie me lit des passages de Gertrude Stein.

— Elle veut imiter la peinture avec les mots. Mais ça n'a pas de sens. Vous avez la même phrase répétée indéfiniment, comme si on allait la lire différemment. Elle part du principe du cinéma, une photo avec un cheval qui court. La phrase n'est pas une photo.

» Raymond et moi, avec tous les jugements qu'on porte en douce sur tout le monde depuis soixante ans, ce qu'on a vu défiler comme gloires, comme tabous ! On ne pouvait pas dire un mot sur tel ou tel. Vous passiez pour plus que bête, pour un cuistre. Il y a eu la période Pierre Benoit. Vous osiez dire que vous n'aviez pas aimé *L'Atlantide*, vous étiez un minus. Puis il y a eu Cocteau et *Les Enfants terribles*. On disait qu'on n'aimait pas les romans de Giraudoux, les gens cessaient de vous voir. Camus... Lui, ça dure encore. Malraux, vous ne pouviez pas ne pas aimer *La Condition humaine*. Ou les romans de Sartre. Nous adorions Miłosz, dont personne ne voulait parler. Aimé Césaire, c'est Raymond qui le premier m'a apporté ses poèmes. « Regarde, me dit-il, ce type a un talent fou. » Raymond, c'est le papier tournesol.

Paris, 28 mars 1982

— C'était il y a vingt ans. Il était onze heures du matin, j'étais à Chérence. Picasso m'avait annoncé sa visite *out of the blue*. Il avait entrevu ma fille Domi et voulait absolument la revoir, j'étais aux cent coups. Pas question qu'il séduise ma fille chérie. Elle devait rejoindre Chérence par le train. Je l'attendais, elle n'arrivait pas. Que fait-elle ? J'entends du bruit en bas, je crie : « C'est toi, Domi ? » Pas de réponse. Je vais regarder du haut de la loggia et je vois Picasso et son neveu Vilató. J'étais dans un état lamentable, mais je descends. Picasso me fait des compliments sur le fauteuil que vous connaissez et que Dora Maar m'avait donné. Je lui dis que la maison est sans doute un peu trop bourgeoise pour lui. Dora m'avait expliqué qu'il nageait dans un désordre indescriptible, qu'il n'avait pas un beau meuble, qu'il n'achetait que des assiettes en plastique. Tout ce dont il se servait devait être sans la moindre valeur, c'était comme un principe. Il se tourne vers moi et me dit avec son accent : « Qu'est-ce que vous croyez que j'ai, moi ? J'ai un château. Un vrai château. Historique ! Où je ne vais jamais. Il y a ma femme, là-bas. Je ne suis plus avec elle, et je ne veux pas divorcer. » Sur ce, Domi arrive, il s'interrompt et ne regarde plus qu'elle. Il me parle la tête tournée vers elle. Elle se lève, les yeux de Picasso la suivent. « Qu'est-ce qu'elle fait, la petite ? Elle veut entrer aux Beaux-Arts ? Qu'elle me montre ce qu'elle peint, je vais la conseiller. Je vais lui donner une lettre et elle pourra entrer à l'École des beaux-arts. Je ne décourage jamais un jeune artiste. Plus il y a de mauvais peintres, plus il y a de chances pour qu'un bon peintre jaillisse un jour, et peut-être un excellent peintre, peut-être un Vélasquez. Et puis je peux me tromper. Regardez Gontcharova, je n'aimais pas sa peinture, et maintenant elle a du succès. Elle vend ses tableaux. » Il parlait et n'arrêtait pas de regarder Domi. Il me faisait penser à mon père, en plus petit. Avec les mêmes traits, les mêmes yeux. Je ne m'étais pas préparée à cette visite, il était l'heure de déjeuner, je n'avais rien. Il me dit : « Je mange très peu. Du fromage, c'est très bien. » Je vais à l'épicerie avec Vilató qui me dit : « Prenez un fromage très fait, il adore ça. » Picasso dévore un camembert coulant en déclarant : « J'aime quand je vois les vers. » Après le déjeuner, il nous parle de Dora Maar, qu'il a quittée et qui est devenue folle. Un jour qu'il était allé la voir, elle lui annonce qu'elle est l'impératrice de Chine. Il lui demande si elle est bien sûre de ce qu'elle dit. Elle insiste : « Je suis l'impératrice de Chine. » Picasso lui dit qu'il l'abandonne une minute pour aller faire une course. Il descend téléphoner à Eluard au café du coin. « Paul, viens tout de suite, Dora se prend pour l'impératrice de Chine. » Eluard éclate de rire, raccroche et arrive. Et pendant toute l'après-midi ils ont essayé de persuader Dora qu'elle n'était pas l'impératrice de Chine. Picasso riait encore de cette histoire : « Quelle bêtise ! Impératrice de Chine, elle était contente. Quand elle a su qu'elle n'était pas l'impératrice de Chine, elle s'est souvenue qu'elle avait vécu avec moi et qu'elle ne vivait plus avec moi. Alors il a fallu lui payer le docteur Lacan. »

Nathalie Sarraute

Chérence, 13 avril 1982

La maison de Nathalie est au bord de la route. Jardin en longueur, entre deux autres jardins. Quelques pommiers. Simplicité des meubles. Les pièces rappellent une ferme. J'entre dans le petit bureau où elle écrit.

— Je me mets à travailler à neuf heures et demie. À onze heures et demie, j'arrête. Je suis rompue. Sartre disait qu'après une heure et demie de fiction il était épuisé, alors que huit heures de philosophie ne le fatiguaient pas.

Paris, 13 décembre 1982

Nathalie tout en noir pour la fête Renaud-Barrault dans leur théâtre du Rond-Point.

— L'ennui, ce sont mes lunettes. Je ressemble à une tortue. Au lieu de ricaner, vous devriez me dire : « Nathalie chérie, vous êtes très belle. » À propos, votre nouvel ami, je ne l'aime pas du tout.

— Vous l'avez à peine vu.

— Il est très mal élevé. Je vous préférerais avec Noureev, à condition de ne pas l'emmener sur votre mobylette, parce que s'il se cassait une jambe vous auriez tous ses fans contre vous.

» Pour être considéré en tant qu'écrivain, il faut faire comme Beauvoir : se gober. Se croire la plus intelligente, la plus extraordinaire. Une autre qui

Dialogues interrompus

réussit dans le genre, c'est Yourcenar. Elle est là et elle juge. Mallarmé, tabou ! On en fait la valeur absolue. Or chez lui il y a quantité de choses désuètes, qui font *modern style*, des obscurités que personne ne comprend ni ne sent. Par ailleurs, il y a des choses belles. Valéry est au-delà de tout jugement, on ne peut plus rien dire. Il était dans l'absolu, moi je n'ai jamais atteint ça. Ça doit tout de même être très confortable pendant un moment. Après, on doit s'inquiéter. Beaucoup s'inquiéter... il n'y a plus de jugement.

— Vous avez été très proche de Violette Leduc ?

— Une nuit, après la guerre, la concierge vient frapper à ma porte. C'était comme si les Allemands étaient en bas, et elle me dit les yeux hors de la tête : « Il y a une dame dans la rue qui veut que je lui ouvre. Si vous ne lui ouvrez pas, elle se jette dans la Seine. — Comment s'appelle-t-elle ? — Violette Leduc. — À cette heure on ne peut pas la laisser comme ça. » Violette arrive en larmes.

Nathalie imite la voix pleurnicharde de Violette :

— « Simone de Beauvoir ne veut plus me voir. Je vais me tuer. À moins que je dorme ici. Mais je ne veux voir personne. » J'installe Violette dans la chambre de ma fille Claude, que je fais sortir de son lit. Le matin, je vais voir mon père qui vivait chez nous avec Véra, sa seconde épouse, et je lui explique que Violette est malheureuse et qu'il ne doit pas se montrer, qu'elle ne supporte personne. Je vais à la cuisine pour préparer le petit-déjeuner de Violette. Je sors dans le couloir mon plateau à la main, Véra me dit : « Mais, Nathalie, il n'est pas question de recevoir quelqu'un comme ça ! Veux-tu envoyer une des filles chercher des confitures en bas. Et du miel ! Et je t'en prie, mets un joli napperon. » Violette, toujours en larmes, ne veut pas que je ferme la porte. J'appelle un médecin : « Ne vous inquiétez pas, elle n'est pas malade, c'est de l'hystérie, elle peut très bien rentrer chez elle. » Entre-temps, Claude est remontée avec les confitures. Je mets sur le plateau un napperon amidonné. Je dis à ma belle-mère : « Mais Violette s'en fiche ! » Elle me répond : « C'est ce qu'on dit quand on ne veut pas faire l'effort de recevoir les gens correctement. »

Paris, 4 février 1983

— C'est drôle, moi qui ai vécu une vie extrêmement modeste, j'aime bien les choses luxueuses. J'ai la folie des objets. On m'en casse un, je meurs. Les objets, il faut qu'ils aient deux qualités. Qu'ils soient absolument sans valeur, mais introuvables. Tous ceux que vous voyez là, sur la cheminée, je les ai rapportés de mes voyages, et je les installe dans mon nid, comme une pie. Ils coûtent tous à peu près un franc. Mais si vous en cassez un, il faut aller au Chili, au marché de Tchichou, je ne sais où, et pas n'importe quel jour ! et pas à n'importe quelle heure ! Et vous ne pouvez plus le retrouver.

» Les snobs veulent vous voir une fois. La personne elle-même ne les intéresse pas, ils ne veulent pas vous revoir, ça les embête, même. Ils vous ont vu, et c'est fini. Ils peuvent dire : « Mais oui, je la connais, très bien. » Ça leur suffit. Ehrenbourg, c'était comme ça. Ses souvenirs, c'est une sorte de palmarès. Il fallait que rien ne lui échappe. Beckett, il se gobait formidablement. Il disait : « Je détruirai le langage, après moi on ne pourra plus écrire. » Et chaque personne qui dirigeait une revue avait dans son portefeuille une lettre dithyrambique de Beckett. Geneviève Serreau, qui dirigeait *Les Lettres nouvelles*, en avait une. Bataille, qui comme par hasard dirigeait *Critique*, recevait des lettres de Beckett. Alors, la distance et Beckett, vous comprenez, je la trouve un peu calculée.

Paris, 8 février 1983

— J'ai quitté la maison quand j'avais dix-neuf ans, à cause de Gide et de Proust. Mon père m'avait dit : « Si tu me parles encore de ces deux-là... eh bien, tu ne me revois plus. » Je lui ai répondu : « Pourtant tu es né le 22 novembre 1869, le même jour que Gide. »

Nathalie Sarraute

8 février 1983

— Pourquoi avez-vous arrêté *Enfance* à vos neuf ans ?

— Parler de ma vie après, il faudrait dire beaucoup trop de choses. Et puis… quelle est la vérité ? J'ai vu des choses d'une manière, les autres les ont vues d'une autre manière. Qui a raison ? Et je n'ai pas envie de m'étaler devant les gens. Beckett, et même Sartre, m'avaient conseillé de raconter mon histoire dans la Résistance. Mais je retombais dans le récit traditionnel, dans l'anecdote. L'enfance, c'est autre chose. Ce sont des choses si lointaines qu'elles ont la même qualité que les choses imaginaires. Elles ont la même vibration, le même trouble. Au lycée, je ne supportais pas d'être seconde. J'étais folle de bonheur d'être la première. Alors vous pensez comme je supporte la comparaison avec qui que ce soit. Sur le catalogue de la NRF, une année, on m'avait mis sur la couverture dos à dos avec Mandiargues. Nos silhouettes découpées, j'ai cru que j'allais attraper la jaunisse. Je n'ai rien contre Mandiargues, je ne le connais pas. J'aurais été avec Shakespeare, ç'aurait été pareil. Je préfère rien. Je ne veux être comparée à personne. Là-dessus, je suis un peu comme ma mère, hors du coup. Même quand on lui disait qu'elle était belle, elle n'aimait pas tellement. C'était déjà une comparaison. Les comparaisons, ça vous tue. Pour un être humain,

143

Dialogues interrompus

surtout pour un écrivain, ce qui compte c'est son originalité.

Paris, 10 février 1983

Raymond lui parle d'*Enfance* :
— Que ce soit facile est un gage de réussite.
— Comment peux-tu me dire une chose pareille ? J'en ai le souffle coupé. Je n'ai pas de mots… comme si facile était un critère ! On s'en fout que ça soit facile, on dirait que j'ai abouti à quelque chose, que maintenant tout ce que je ferai sera moins bien. Mais il y a plein de tropismes dans *Enfance* ! Les salauds, ils vont voir une petite fille avec une belle-mère très méchante et des nurses. Évidemment, les tropismes, c'était il ou elle… dans le vague. C'est abstrait. Montrez-moi une œuvre dans toutes les littératures où est analysé, montré, comment se défait l'amour… par exemple… à partir d'un geste. Peut-être chez Dostoïevski, dans *L'Ado-lescent*… Mes livres partent d'une voix, tout d'un coup j'entends… Dans *Portrait d'un inconnu*, j'ai entendu : « Une fois de plus… » et tout est parti de là. Dans « *disent les imbéciles* », il a fallu la des-cription de la grand-mère ; dans *Vous les entendez ?*, les deux premiers mots. *Enfance*, le livre, est parti avec une autre voix qui me disait : « Alors, tu vas vraiment faire ça, évoquer tes souvenirs ? »

Nathalie Sarraute

» Mon père était de droite, et moi, tout à fait à gauche, presque à m'inscrire au Parti. Quand la guerre a éclaté, il s'est exclamé : « Ah, enfin nous sommes du même côté ! » Il y avait chez lui cet autoritarisme. Ce terrible besoin d'écraser, le besoin que l'autre soit comme vous... qu'il y a aussi chez moi. Je ne peux jamais dire d'un être humain qu'il est bon, ni qu'il est mauvais. Je ne peux pas juger l'ensemble d'un être humain, ça me paraît faux. Je peux dire qu'il est capable de tel ou tel acte. À la sortie de *Portrait d'un inconnu*, un journaliste de la radio me dit : « C'est extraordinaire pour vous que Sartre ait fait cette préface. » J'ai répondu : « Il n'a rien compris. » J'avais exagéré, Sartre avait compris certaines choses. Il faut dire aussi que je lui avais beaucoup expliqué. Je lui avais parlé pendant des heures. De moi, comme d'habitude.

» Les Français sont bouchés à l'émeri sur les questions psychiques. Les Russes comprennent tout de suite, et pourtant ils n'ont pas tous lu Dostoïevski et Tchekhov. Toutes les choses que j'ai décrites, les gens les ont éprouvées, mais ils ne veulent pas le savoir. Dans mon livre *Ici*, ils ne veulent pas qu'on les leur montre. Qu'est-ce que c'est que l'amour ? Je ne l'ai pas encore compris, sinon que les gens plaquent sur quelque chose d'extrêmement incernable, complexe et variable, le mot *amour...* et ils sont contents.

» Ma mère n'était ni bonne ni mauvaise, elle était indifférente. Elle a dit de Véra, la femme qui l'avait remplacée auprès de mon père : « Elle est bête. » Elle n'avait jamais pensé à l'effet que ce « Elle est bête » aurait sur moi. On ne peut pas dire que Véra était méchante. D'ailleurs, ça ne veut rien dire, « méchante ». Enfin, elle était capable de combiner quelque chose de mesquin, ça oui, mais « méchant » ne veut rien dire. Elle était sournoise, oui.

Paris, 13 février 1983

— Je suis comme mon père, j'ai un caractère passionné à l'égard des enfants, c'est pour ça qu'il ne m'était pas difficile de décrire le père dans *Vous les entendez ?* Ce besoin d'accepter des valeurs qu'ils croient les meilleures est sournois, il n'arrive pas comme ça.

— Dans votre œuvre, on dirait toujours qu'il y a un personnage qui n'est pas comme un œil mais comme une tête chercheuse.

— C'est le sentiment interne. Je me sens comme une sorte de plein vide. Chacun de nous qui écrivons est dans un univers sans comparaison. Je ne pose jamais la question de la valeur. Je vais chez les gens et ne m'effleure jamais l'idée que quand je pars on puisse parler de moi. Quand je m'adresse à des étudiants, j'ai beaucoup d'aisance parce que je n'ai pas le sentiment d'un jugement porté sur moi. Il y a des paroles qui sortent de moi, d'une sorte de source. Les photos de moi qu'on me montre, j'y vois une figure que je n'imaginerais pas dans les pires cauchemars. Je suis comme un mirage dans lequel je ne peux pas rentrer. Dans les contes russes, il y a un personnage qui porte un bonnet invisible. Je suis ce personnage. Ce que je dis est en dehors de moi, ça a une réalité propre. Je n'arrive pas à me projeter dans le regard d'autrui. À cause de cette attitude en creux, il y a beaucoup de gens qui se permettent des choses. Ils ont en face d'eux une sorte de vide, ils avancent dans le vide, ils sont d'une insolence ! Alors arrive un moment où je prends la fuite, je ne peux plus les voir.

» Les êtres comme Arletty m'ont donné des joies. Son accent, son esprit, sa grâce. C'est un délice de l'écouter, de la regarder. On ne voit pas ça souvent. C'est adorable. Il y a une sorte de finesse, de désinvolture. Elle a du style, on peut le dire. Je l'ai revue il n'y a pas longtemps dans *Les Enfants du paradis*. Je sautais sur mon divan. Elle atteint à une perfection. C'est d'une pureté de style extraordinaire.

Paris, 14 février 1983

— Ces mouvements indéfinissables qui n'entrent dans aucune forme de psychologie et qui se produisent en nous à chaque instant, faute de mieux, j'ai appelé ça *Tropismes*. Ce sont des choses invisibles à l'œil nu. Les gens ont une réserve à mon égard, ce que je leur montre leur déplaît. Ils se sentent épiés, mal à l'aise, compromis par n'importe quelle parole anodine… Concernés, ils sont obligés de s'identifier. Ils se sentent piégés. Ils s'imaginent que lorsque je suis avec eux, je les regarde. Non, c'est au prix d'un immense travail que je recrée ces mouvements qui se produisent dans des moments de rupture, de conflit. Comme il s'agit de consciences qui sont les leurs, ou du moins je prétends qu'ils ont cette même conscience, qu'en eux se produisent les mêmes mouvements, ça leur est insupportable. Tout ce que j'écris ne vient pas d'une observation que je fais à chaque instant. Il faut le retrouver après un long effort faisant défiler le mouvement au microscope, ralenti. Je ne les épie jamais. Je leur fais une très grande confiance.

» La forme n'existe pas sans le fond. Si la forme est plate, le fond est plat. La forme est entièrement déterminée par le fond. Ce qu'on me dit de la forme de ce que j'écris me comble. L'anecdote est toujours fausse, elle ne révèle rien. On peut trouver une autre anecdote qui prouvera le contraire. Nous sommes tellement complexes et infinis ! On peut attraper une petite bribe de quelqu'un, mais rien ne peut révéler tout l'être.

Paris, 15 février 1983

— Le mot est prononcé, quelque chose commence, quelque chose finit. Le mot *amour* s'est introduit.

Nathalie Sarraute

Il provoque en nous des mouvements. Toutes sortes de mouvements intérieurs qui ne sont pas définis, c'est ça qui m'intéresse. Quels mouvements produit en nous le fait que nous prononçons le mot *amour* ? Je ne cherche pas à expliquer en quoi consiste tel ou tel sentiment. On me dit toujours : « Vous ne parlez pas assez d'amour. » Je ne suis pas à ce stade. Je ne sais pas ce que c'est. C'est hors des catégories psychologiques. Ce n'est pas de la psychologie, ce sont des moments hors des catégories connues. Je suis partie d'un mot, je n'ai pas voulu dire le sentiment de l'amour entre deux personnes, j'ai voulu montrer ce que produisait l'idée de l'amour. Je prends plusieurs cas, le mot est prononcé, quelque chose commence, quelque chose finit, quelque chose n'aboutira pas. Le mot *amour* s'est introduit là, c'est ça qui m'intéresse, quel mouvement produit en nous le fait que nous prononçons le mot *amour, je t'aime,* etc., ce qui se passait avant que ce mot soit prononcé. C'est le cheminement du mot qui m'intéresse dans ce passage, ce n'est pas du tout les effets de l'amour comme dans le livre du vieux Barthes qui décrit les phases de l'amour. C'est le fait, le mouvement. C'est comme un corps catalyseur qui s'introduit et qui provoque des mouvements qui ne sont pas définis. Dans *Ich sterbe* j'ai essayé de reconstituer les mouvements qui aboutissent à ces deux mots : il meurt. Dans les lycées on explique les tropismes, mon petit-fils le sait parce qu'on le lui a expliqué en classe.

Dialogues interrompus

— C'était une découverte fantastique.

— Je suis passée à travers les interprétations psychanalytiques, on ne m'en a pas fait, Dieu merci. J'ai lu suffisamment Freud pour qu'il me soit impossible d'adhérer aux doctrines. J'ai une répulsion à être psychanalysée. J'ai lu Freud comme si ce n'était pas Freud. Comme si c'était un inconnu. C'est toujours comme ça que j'ai essayé de lire, et j'ai découvert des choses aberrantes, tellement antiscientifiques qu'après ça le reste me paraissait peu crédible, une sorte de délire d'interprétation. Les choses qu'il disait sur les femmes, notamment les sensations qu'il dit qu'elles éprouvent et qui font penser qu'il y a une écriture proprement féminine, alors que la différence entre les femmes qui écrivent est énorme. La différence entre Marguerite Yourcenar et Marguerite Duras est plus grande qu'entre l'une des deux et n'importe quel écrivain masculin qui ait jamais écrit. C'est un abîme qui les sépare. On les groupe parce que ce sont des femmes ! J'aime énormément Monique Wittig. *L'Opoponax,* c'est un chef-d'œuvre. C'est admirable, je n'ai jamais vu parler comme cela de l'enfance. C'est un écrivain que j'aime beaucoup, c'est une grande amie en plus et je l'aime comme une personne.

» Les gens avec qui j'étais associée dans le Nouveau Roman, si je les avais trouvés mauvais, je ne me serais pas associée à eux. J'aimais beaucoup *La Jalousie, Le Voyeur,* de Robbe-Grillet, certains livres de Claude Simon, et je trouvais que *L'Emploi du temps* de Butor était un livre plein d'intérêt. Ils avaient du talent par opposition à tous les livres que l'on écrivait à l'époque. On n'a pas écrit grand-chose de tellement bon depuis. Dans mes livres, il n'y a pas de personnage, ou des personnages en trompe-l'œil, ne présentant aucun intérêt. Dans *Les Fruits d'or*, il n'y a aucun personnage. C'est l'œuvre, ses rapports avec son public. Le livre comme une pierre qui tombe... Eh bien, un critique a découvert un couple marié dont les rapports évoluent depuis le début jusqu'au milieu. Je ne comprenais pas de quoi il parlait, il a fini le livre sans découvrir ni la forme insolite, ni le fond, tout ça... balayé ! Il n'a rien vu.

— La forme insolite ?

— Oui, la forme dialoguée que j'ai employée – je ne suis pas la première –, le dédoublement de soi que j'avais déjà fait dans *Entre la vie et la mort*. C'est moi-même quand je me relis, le double. C'est une fin à laquelle je tenais beaucoup, c'est un rôle important. Le double, je le mets au masculin, mais il n'a pas de sexe. Chaque être est composé de masculin et de féminin. Dans *Enfance*, c'est mon autre côté qui m'aide à cheminer et à faire sortir ces espèces de mouvements de la brume qui les enveloppe. Tous les chapitres sont faits en mouvements intérieurs, comme mes *Tropismes*. Je ne peux pas faire autrement. Si je voulais écrire quelque chose sur mon père, ce serait incommensurable. Il faudrait une bibliothèque et je n'arriverais pas à le cerner.

Dialogues interrompus

Jc montre quelques bouts de rapport tel que le voit un petit enfant.

— Ces mouvements vivent.

— Ils ne vivent pas en tant que personnages. Le fait que vous voyiez un monsieur avec une pelisse, une dame qui a un joli visage, quel intérêt ? Dans n'importe quel roman de gare vous trouvez une dame avec des yeux violets et des dents qui avancent comme les Anglaises. Ce qui présente de l'intérêt, c'est le mouvement établi entre cet être vu comme harmonieux et beau, et le mouvement qui se produit avec l'enfant à qui l'on apprend à lire l'heure, ou bien quand la dame anglaise installe l'enfant dans une vie patriarcale, cérémonieuse et traditionnelle. Alors il y a les mouvements que trouve l'enfant.

» Les gens s'attachent à la chose secondaire qu'on peut trouver n'importe où. Ils ne voient que ce qu'ils ont l'habitude de voir. Le reste, ils ne le voient pas, ou alors il faut le leur montrer. Il faut que ce soit un insolite facile ou bien difficile à un degré tel qu'ils restent à la porte. Ils disent : « C'est admirable », mais ils ne comprennent pas un mot. On prend quelque chose de complètement hermétique et je ne sais par quel concours de circonstances on le porte aux nues. Si entre quatre yeux vous leur demandez de vous parler d'une page qu'ils ont lue, ils ne peuvent pas, ils ne comprennent pas. Ou bien c'est très facile et cela satisfait à la fois une impression de profondeur et en même temps de facilité, alors là c'est le délire. Quand la chose est véritablement insolite et qu'elle ne répond à rien de ce qu'on a déjà vu, je vous jure qu'elle a du mal à passer.

— On s'attache fatalement à certains personnages.

— Tant pis. On s'attache à eux et si ce n'est pas l'essentiel, si l'on éprouve la sensation du mouvement intérieur, c'est que j'ai gagné. C'est vu par un tout petit enfant. On ne peut pas conclure. Personne n'est condamnable parce que j'ai pris des mouvements. De Véra, je pouvais faire un monstre. Il y a des gens qui ont assisté à mon enfance et pour qui elle est un cauchemar et qui se fondent sur le fait que les bananes étaient cachées, que les bonbons étaient enfermés à clé dans l'armoire vitrée de la salle à manger, parce que Véra avait des côtés avares, et par ailleurs des côtés généreux. J'ai une vieille amie d'enfance qui me disait que la vision de mon enfance avait gâché la sienne, rien qu'à voir Véra, et moi je ne le sentais pas comme ça du tout. Mes sensations internes lui échappaient totalement, elle ne voyait que l'extérieur, que l'apparence. Même avec ma belle-mère, les rapports n'étaient pas aussi simples qu'elle le pensait, parce que du dehors on juge très mal. Je n'ai jamais raconté à âme qui vive les choses intimes, par exemple que ma belle-mère pleurait. On a l'impression d'avoir violé un secret. Je n'ai jamais pensé une seconde à faire un personnage pris en tant que personnage.

— Dans vos rapports dans la vie, que vous reste-t-il de quelqu'un que vous aimez bien ? Il devient un personnage ?

Dialogues interrompus

— Non, entre la littérature et la vie, il y a un abîme. Dans la vie, je suis obligée de simplifier pour avoir vis-à-vis des gens une attitude à peu près normale. Je suis obligée d'accepter quelqu'un qui, une fois, m'a montré un mouvement d'avarice, et de ne jamais lui demander de me prêter de l'argent. C'est une façon rudimentaire de me conduire, ça ne veut pas dire une seconde que cette personne n'est pas par ailleurs un être généreux, mais l'instinct de conservation fait que nous classons les gens comme ça. Si quelqu'un nous est antipathique, nous nous en écartons, peut-être pour des raisons non valables, mais nous sommes obligés, pour nous diriger, d'être comme les poissons au fond de l'océan, à l'aveugle au milieu d'êtres que nous ne connaissons pas. J'ai repris, plongée au milieu d'eux, des choses que j'ai ressenties, et c'est tout. J'ai pris les sensations les plus fortes que j'ai dégagées. Pour moi, la littérature c'est essayer de faire passer ces sensations.

— Avez-vous remarqué qu'*Enfance* est plus accessible ?

— Vous n'allez pas faire comme Raymond. Forcément, on sait qui parle et qu'il s'agit d'une petite fille qui est moi.

— Pour quelqu'un qui n'a pas lu votre œuvre, c'est très bon de commencer par *Enfance* et d'aller vers *Tropismes*.

— Peut-être.

— Il y a une acclimatation nécessaire pour vous lire.

Nathalie Sarraute

— C'est évident. Quand je lis les autres, les choses me paraissent illisibles, et en les relisant j'arrive à m'y reconnaître. Je pense que les écrivains ne sont plus juges des autres écrivains parce qu'ils sont enfermés dans leur univers et qu'il est difficile de s'en arracher pour adhérer à quelque chose qui leur est étranger. Il y a de très grands écrivains dont je ne nie pas la qualité, mais je n'arrive pas à y entrer comme je voudrais. Il n'y a jamais le fin mot sur aucun de nous-mêmes. Nous sommes obligés de choisir chez les êtres ce qui nous convient. Nous les groupons et nous faisons qu'il y a de la sympathie en ignorant tout le reste. Il y a des choses qui ressortent, mais nous ne cernons jamais aucun être, même ceux que nous connaissons le mieux. La vie et ce que je montre n'ont rien à voir.

» J'ai commencé *Enfance* sur un cahier. Il y a des scènes que j'ai refaites vingt fois. J'ai remis un passage au milieu parce que m'est revenue tout d'un coup la visite chez mes grands-parents, que j'allais voir en Russie. Deux mois par an en sept ans, on pourrait croire que j'ai vécu sans arrêt. Or ces images datent d'époques différentes, mais elles se situent auprès de mon père en Russie. Ma mère était à Paris. J'allais le voir en hiver en Russie, et en Suisse en été. Quand j'ai eu sept ans, mon père a été obligé de quitter la Russie. Il est venu ici définitivement. Ce sont des souvenirs que j'ai dans la tête. J'ai eu envie de faire revivre tout ça pour moi-même, et le montrer à d'autres ne m'est pas agréable. Quand ça va sortir ce sera désagréable, parce que c'est intime.

Dialogues interrompus

— La bonté, pour vous, dépend de l'indulgence ?

— Non, c'est une certaine largesse de l'âme, une absence de petitesse. Le mot *bonté* est compris dans un sens trop restrictif. C'est une certaine pureté dans la façon d'envisager l'existence.

— Il y a de la désinvolture dans la bonté ?

— Non, la désinvolture a quelque chose d'insolent. C'est un certain détachement. Ma mère, je ne lui reproche pas d'avoir divorcé, on a le droit de se séparer quand on aime quelqu'un d'autre. Ensuite, son indifférence, son abandon, j'aurais pu lui en vouloir, mais il y avait chez elle une part de détachement presque fou qui m'a toujours séduite. La face sombre, c'est l'indifférence, mais elle avait une certaine pureté, qualité que je n'ai pas.

— Vous avez une grande délicatesse.

— Peut-être. Parce que je sens la réaction des gens. J'ai tendance à me transporter en eux, mais je peux être très désagréable. Quand mon antipathie est trop forte ou que les gens s'en permettent trop, je ne peux pas arriver à les affronter, c'est une sorte de répulsion. Alors je ne peux pas faire autrement que rompre, je ne peux plus m'approcher d'eux, une limite est franchie, c'est fini.

Paris, 20 mars 1983

— Nathalie, votre conversation est pleine de mots russes, anglais, allemands. Est-ce que je me trompe ?

— Ça, c'est énorme ! J'ai mis des années à me faire accepter comme écrivain français et voilà que vous me dites que je me sers de mots étrangers.

— Je trouve intéressant que vous parliez d'autres langues.

— J'ai travaillé plus de deux heures ce matin, et je suis fatiguée.

— Je m'en vais si vous voulez.

— Non, être avec vous ne me fatigue pas. Avez-vous remarqué que je porte le foulard que vous m'avez offert ? L'aimez-vous toujours ?

— Pas du tout.

— J'en étais sûre, sûre, sûre à mille pour cent ! Un jour, votre copain Yves Saint Laurent a dû vous donner ce foulard en vous disant : « Tiens, je ne sais pas quoi faire de cette chute », et vous, plus tard, en ouvrant un placard vous retombez sur ce foulard et vous avez dû vous dire : « Il est tellement moche que je vais le donner à cette vieille idiote de Sarraute. Elle le trouvera à son goût, avec ses fils d'or. » Eh bien, oui, moi, je l'aime.

» Un beau jour – je ne devrais pas dire un beau jour –, Eugène Jolas allait mourir. Maria, sa femme, n'était pas croyante. Lui, oui. Elle appelle le curé de Saint-Sulpice, qui vient avec l'encensoir et un enfant de chœur. J'entends le balancement de l'encensoir et le dring dring des clochettes alors que je n'assistais pas à la scène, je vois l'homme d'Église et le petiot entrant dans la chambre de M. Jolas, à qui on avait soigneusement caché son état. Le prêtre lui dit :

Dialogues interrompus

« Alors, on agonise ? » Vous comprenez, pour le prêtre, ce n'était rien, un petit voyage… Deux jours plus tard, je suis avec Maria dans son salon. Son mari est mort. Il est étendu dans sa chambre, entre des bougies. On sonne à la porte. « Ne bougez pas, Maria, je vais ouvrir. » Je me trouve nez à nez avec un géant, les cheveux blancs, une femme à côté de lui. C'était Calder et sa femme. « Est-ce que Jolas est là ? Je peux le voir ? » Il rentrait d'un voyage aux États-Unis. Il venait chercher son copain, son vieux copain Jolas, pour aller boire un coup. « Oui, vous pouvez aller le voir, mais je dois vous dire une chose : il est mort. » Calder devient rouge et fait « Brrrr » en fermant la bouche. Un cri de rhinocéros. Il luttait contre une crise d'apoplexie. Je l'emmène à la chambre du défunt. Maria et moi nous retirons dans le salon. Cinq minutes passent, Calder ne ressort pas. Dix minutes, un quart d'heure. Que fait-il ? J'entends bouger la poignée de la porte, Calder entre dans la pièce où se tient Maria, lui fait un petit signe sans la regarder, comme s'il en avait assez, et s'en va. Pas d'au revoir.

— Maria Jolas aimait son mari ?

— Elle l'aimait et le haïssait. À boire et à manger là-dedans. François-Marie, puisqu'on parle librement, pouvez-vous me dire pourquoi vous aimiez Lili Brik ? Oublions le côté admiration pour Maïakovski.

— Quand j'ai rencontré Lili, je n'avais pas lu Maïakovski. Et quand je l'ai lu, c'était mal traduit.

Je trouvais ça lourd. Lili m'avait dit que le grand poète était Maïakovski mais que le génie c'était Khlebnikov.

— Elle avait raison. Vous n'avez pas répondu à ma question. Pourquoi aimiez-vous Lili Brik ?

— Elle était le feu.

— Qui a-t-elle eu en dehors de Maïakovski, qui la trompait tant qu'il pouvait et qui d'ailleurs était à moitié impuissant ? Une de mes amies qui l'a connu m'a dit qu'il était lamentable.

— Vous avez de drôles de conversations avec vos amies. Poudovkine, Chklovski étaient fous de Lili, Roman Jakobson l'a désespérément poursuivie toute sa vie.

— Qui vous a dit tout ça ?

— Jakobson lui-même, cinquante ans plus tard, avec des larmes dans la voix. Ça vous va ? Quand la femme de Pasternak apprenait que Lili arrivait à Saint-Pétersbourg, elle disait à son mari : « Rentrons à Moscou. » Et ils pliaient bagage.

— Il faut se méfier avec les Russes. J'étais comme vous, je croyais à ce qu'ils disaient, mais ils disent tous la même chose à tout le monde. « Natacha, je n'oublierai jamais le jour où nous nous sommes rencontrés », et ils vous prennent dans leurs bras, et ils vous serrent contre eux. Brice Parain me disait : « Le même Russe qui vous dit ne pas pouvoir vous quitter, qui jure que jamais de sa vie il ne va vous oublier, deux jours plus

Dialogues interrompus

tard vous le rencontrez sur les Champs-Élysées, il change de trottoir. » Quand je pense à vous et votre amour pour Marie Laure, je suis à la renverse. Berne-Joffroy, qui a connu la terre entière, ne fait absolument pas d'elle le personnage que vous avez construit.

— Il n'a pas dû la comprendre.

— Peut-être. Je reviens à votre amie Lili Brik. Quand je suis allée dans sa datcha à Peredelkino, elle m'a raccompagnée jusqu'à ma voiture, elle m'a serrée dans ses bras, rien à voir avec Elsa, sa peste de sœur ! Imaginez ce que ça représentait pour Lili, à Moscou, quand vous veniez de Paris exprès pour la voir.

Paris, 21 mars 1983

— Non, je ne veux pas parler de Sartre. Pendant dix-sept ans, jusqu'à sa mort, je ne l'ai pas revu. Il voulait, lui. Il l'a dit à une amie, qui m'avait demandé de l'appeler entre onze heures du soir et une heure du matin parce qu'à ce moment Beauvoir n'était pas là. Et qu'est-ce que je lui aurais dit ? « Alors, ça va ? » Il aurait répondu : « Non, je suis aveugle. » Et moi, qu'est-ce que j'aurais dit ? « Moi non plus ça ne va pas, je ne vois plus que d'un œil » ? Qu'aurait-il répondu ? « Oui, c'est dommage. »

Nathalie Sarraute

Paris, 8 avril 1983

Nathalie reçoit les premiers exemplaires d'*Enfance*.
Elle ne veut pas de service de presse.
— C'est un livre trop intime.

Paris, 14 avril 1983

Mon article sur Nathalie dans *Le Monde* me fait
l'effet de ces crayons qu'on taille et dont il ne reste
plus rien. Cinq jours dans son grand salon blanc,
et tous les trois mots, d'un air navré :
— Redites-moi un peu ça.
Elle me raccompagnait à la porte. J'étais furieux,
elle m'avait enlevé tout ce qui m'intéressait.

Paris, 22 mai 1983

— Jérôme Lindon m'écrit que cela fait des
années qu'il n'a pas lu un livre comme *Enfance*.
— Vous allez lui répondre ?
— Et puis quoi encore ?
— Vous allez l'inviter à déjeuner ?
— À déjeuner ? Vous êtes fou ?
— À prendre le thé ?
— Jamais !
— Il dira sûrement à Beckett qu'il a aimé votre
livre.

Dialogues interrompus

— Mais je me fiche de ce qu'il peut dire à Beckett, qui est jaloux de tout ce qui existe et qui n'avait déjà rien compris à *Tropismes*. Il n'a d'ailleurs jamais rien compris à la littérature. Il aime *L'Invitée* de Simone de Beauvoir !

Paris, 8 octobre 1983

— Merveilleuse après-midi au théâtre pour voir *Savannah Bay*, la pièce de Duras. J'ai trouvé Madeleine Renaud sublime. On a applaudi, j'en avais mal aux mains. J'étais émue aux larmes. La salle était électrisée. Le texte doit être pas mal du tout. Un mauvais texte ne peut pas être dit comme ça. Quand ça s'est terminé, j'aurais voulu rester autant de temps. La robe de Madeleine était divine. La mise en scène excellente. Le texte, c'est une vieille femme qui est amnésique, c'est le temps, c'est la mort, c'est l'amour, l'amour pour cet enfant. Raymond était bouche bée. Je ne me suis pas ennuyée une seconde.

— N'est-ce pas banal ?

— Le fond est toujours banal. C'est un texte qui vibre. Je n'ai jamais vu Madeleine jouer comme ça. Dans chaque nuance. À un moment on a applaudi autour du texte. Chapeau, Duras ! On pourrait dire : c'est parce qu'on est vieux. Il n'y avait pas un toussotement autour de nous. Ils étaient tous... tendus. Ça fait vraiment plaisir de voir ça. À un moment, j'ai dit à Madeleine Renaud : « Je vais féliciter Bulle Ogier. » Elle s'est un peu contractée, vous savez comment sont les acteurs. La pièce, c'est quelque chose d'assez déchirant. On a applaudi, on a scandé, tapé des pieds, ce que j'ai fait aussi. C'est l'univers de Marguerite, avec des choses assez faciles, mais aussi ces trous où s'enfoncent des choses assez justes.

Paris, 21 janvier 1985

— Nathalie, vous tenez vraiment à dîner avec ma mère ?

— Oui... Tom Bishop est bien venu des États-Unis pour rencontrer la mère de Robbe-Grillet. Il voulait voir la mère de ce grand génie ! Mais croyez-vous que votre mère acceptera de dîner avec moi ? Enfin, je vais pouvoir mettre mon beau manteau, celui que vous trouvez un peu trop rose.

Paris, 30 janvier 1985

— François-Marie, vous aimez quelqu'un, vous couchez tous les jours avec lui ?

— Oui.

— Vous devriez lui dire : « Écoute, en ce moment, on se voit un peu trop, on va se voir moins. Deux ou trois fois par semaine, c'est suffisant pour toi comme pour moi. » Et de temps en temps, vous

Dialogues interrompus

faites un petit voyage de huit jours. Vous n'êtes pas obligé non plus de toujours vous amouracher de garçons qu'il faut aider, parce qu'à ce moment que faites-vous de vous ?

Paris, 31 janvier 1985

— Raymond est toujours à Necker, mais il va mieux. Il se plaignait à ce point des lois de l'hôpital que l'infirmière lui a demandé s'il était magistrat. Il lui a répondu qu'il était assassin. Mes filles me disent que je suis héroïque. Héroïque... que voudraient-elles que je fasse ?

Paris, 3 février 1985

Au restaurant :
— Non, François-Marie, vous ne pouvez pas avoir votre mère en face et moi à côté d'elle.
— Ça fait tribunal ?
— Et surtout vous alliez faire asseoir votre mère sur une chaise ? Ce n'est pas possible.
— En attendant, un bouquet de crevettes vous ferait plaisir ?
— Elle était charcutière, votre mère ?
— Non.
— C'est sa mère à elle qui était charcutière ?
— Non plus.

164

— Mais ne m'aviez-vous pas dit qu'elle était charcutière ?

— Jamais.

— Où vos parents se sont-ils rencontrés ?

— Je ne sais pas. Vous le lui demanderez.

— Ah, non ! C'est mal élevé. Elle pourrait me répondre : « Mais, madame, ça ne vous regarde pas. »

— Elle pourrait aussi vous gifler.

— Dans ce cas, je l'assomme avec ce carafon. Mais je ne crois pas qu'on en viendra là. Sérieusement, qu'attendez-vous de ce dîner ?

— C'est vous qui vouliez rencontrer ma mère.

— Pour un écrivain, sa mère est un personnage.

— Pourvu qu'elle ne me reproche rien !

— J'adore les reproches quand ils ne me sont pas adressés. J'imagine qu'elle est très belle, votre mère. Vous sortez bien de quelque part.

— Nathalie, je vous présente maman.

— Votre fils vous ressemble, madame, mais vous, on ne vous a jamais dit que vous ressembliez à Arletty ?

— On m'a dit que je ressemblais à tant de femmes ! Jamais à la même. Finalement je ressemble un peu à tout le monde. Toi... tu ne me demandes pas des nouvelles de ton père qui n'arrive plus à faire les comptes ? Enfin, je n'ai pas de bleus à l'âme, comme Françoise Sagan, mais des bleus à l'esprit : moi aussi je me trompe dans les zéros en faisant les chèques.

— Moi, c'est pareil. Avant, c'était mon mari qui s'occupait de ces choses-là. Il ne peut plus, il est à

Dialogues interrompus

Necker. On vient de me renvoyer un chèque de trente-sept millions que j'avais signé pour payer mon loyer. Madame, je dois vous avouer que François-Marie, c'est mon fils.

— Ah ! Surtout, gardez-le ! Je ne suis pas jalouse de toutes ces mères de substitution. Généralement, ce sont elles qui sont jalouses de moi. Elles m'en veulent parce que leur fils n'est pas aussi bien que le mien. Ce n'est tout de même pas de ma faute.

— Vos autres enfants sont-ils aussi beaux ?

— Mon fils aîné est le portrait de Cary Grant.

— Est-ce que votre mari était sévère avec François-Marie ?

— Parfois oui… il a dû le battre deux ou trois fois.

— Tu veux dire deux ou trois cents fois.

— J'allais si souvent voir ses professeurs qu'au parloir du lycée on devrait me mettre une plaque. On m'avait réservé une pièce. Je leur expliquais que François-Marie était impossible mais plein de promesses. À sept ans il avait insulté son instituteur qui avait osé l'appeler François en oubliant Marie. Et la nuit il poussait des hurlements.

— Comme ma fille Annicki. Elle poussait de tels cris que les voisins se plaignaient. Nous ne dormions plus. Ma mère à moi était beaucoup plus sévère que je ne l'ai été avec mes filles. Sans parler de mon père, qui un soir m'a traitée de traînée parce que j'allais au théâtre l'épaule découverte. Mon père ne m'adressait pas la parole. Il m'ignorait.

166

Nathalie Sarraute

À la porte du restaurant, Maman défait le fil de laine rouge qu'elle porte autour du cou et l'offre à Nathalie en lui disant :

— Il porte bonheur, c'est pour votre mari.

— Et moi, Madeleine, je peux vous embrasser ?

Paris, 24 juillet 1985

J'amène Françoise Sagan chez Nathalie, qui l'interpelle :

— Françoise, vous êtes tout le contraire de moi. Vous dépensez sans compter.

— Je ne dépense pas, je ne vois pas l'argent.

— Vous roulez à toute vitesse au milieu de la route et moi je me tiens sur le côté.

Paris, 8 septembre 1985

Nathalie me parle de mon roman :

— Votre Balthazar est vivant. Gide disait : « C'est vivant ou ce n'est pas vivant. » Le portrait de Capucine, ce sont vos deux frères que vous avez mis là-dedans. J'ai ri. Mais qui est cette Mme Lempereur ?

— Plusieurs amies de ma mère.

— Et pourquoi avez-vous choisi Klimpt comme nom, et pas un nom français ?

— Mon père est hongrois.

Dialogues interrompus

— Et un nom comme Monnier ? Remarquez, Klimpt, c'est beau, mais il y a le peintre qui a à peu près le même nom.

— Balthazar Klimpt, c'est une musique. C'est un nom comme une éclipse.

— Le père... l'horreur de son attitude ! Mais sa méchanceté le faisait souffrir. Comme dans *L'Éternel Mari*. Vous vous souvenez, à la fin, il dit : « Élise, alors... » Il ne peut pas se pardonner. Votre père, c'est la même chose. Il ne peut pas revenir en arrière. Nous avons tous un peu ça. Mon père... ce qu'il pouvait me dire, sur moi et sur ma mère ! En même temps, il le regrettait. Bien sûr, c'est ma mère qu'il voulait atteindre à travers moi. Elle l'avait quitté et il ne s'en remettait pas. Elle était terriblement narcissique et lui était de glace. Vous savez, la violence verbale a souvent plus d'effet que la violence physique. Dieu sait si les psychanalystes sont bêtes, mais malgré leur bêtise ils ont tous reconnu que la culpabilité, quand elle passe un certain stade, on ne peut plus la ressentir. Qu'est-ce qu'il faudrait faire ? Se pendre ? Quant à la mère de Balthazar... Maintenant je regrette, quand j'ai dîné avec votre mère et vous, de vous en avoir dit du bien. De quoi je me mêlais ? Je ne connaissais pas la situation. Votre mère, elle est en bois. Ce n'est pas une mère, c'est sa femme. Elle est folle de lui. Elle veut être aimée de son mari. Il n'y a que ça qui compte. En voyant votre mère, j'ai été chez vous. Avant, vous m'en parliez, j'écoutais mais ça n'existait pas. L'idée des meubles, dans votre *Balthazar,* m'a plu[1]. Vos frères? Vous n'allez rien écrire sur vos frères? Pour eux ce serait une chance inouïe.

— Nathalie, que me conseillez-vous de lire?

— Moi je ne lis jamais rien.

— Votre lit est jonché de livres.

— Proust, je l'ai lu huit ans avant d'écrire. Regardez cette photographie de Raymond et de moi assis sous un hangar, dans la paille. Derrière, il y a ces montagnes de bottes de paille. Il arrive et moi je lui tourne le dos. Pourquoi lui ai-je tourné le dos?

Paris, 30 octobre 1985

— Mais qu'est-ce que c'est que souffrir? J'ai souffert quand ma mère m'a livrée à une marâtre. J'ai retrouvé une photo d'elle à cette époque. C'est alors que j'ai décidé de ne plus souffrir. Pas d'amis. Du moins très peu. Depuis, personne ne m'a laissée tomber. Sauf Sartre et Beauvoir. Après une conférence de Sartre, j'allais dîner avec eux. Pauvre idiote! À la porte du restaurant, Beauvoir se tourne vers moi en me tendant la main pour me dire au revoir. Ça a été fini. Je n'ai plus jamais voulu les voir. Plus tard, Beauvoir m'a écrit: « On ne vous voit plus. » J'ai

---

1. Dans l'appartement qui sert d'entrepôt aux parents de Balthazar, les meubles s'entassent et condamnent la plupart des issues.

Dialogues interrompus

répondu que je partais en vacances. Ils ont encore essayé mais je n'ai plus jamais répondu.

— Vous m'avez dit que Beauvoir voulait que vous couchiez avec Sartre.

— Un soir, elle a essayé de me mettre dans son lit : « Il est tard, ne rentrez pas, vous n'avez qu'à dormir là. » Mais coucher avec lui, c'était impensable ! Je ne peux pas vous dire ce qu'il avait sur le visage, et sur le cou, et derrière le cou.

Paris, 19 février 1986

Nathalie grippée.

— Je vous en supplie, François-Marie, ne maigrissez pas trop. J'ai une amie qui a perdu dix kilos, elle s'est fait faire un lifting et très peu de temps après, cancer ! Elle est foutue. Alors je vous en prie.

— Didier vous a adorée.

— Moi aussi. On recommence quand vous voulez.

Paris, 3 novembre 1986

Bérénice à la Comédie-Française.

— Vous allez voir, ce sera d'un ennui mortel. Quand on pense à la vie qu'il y a dans Shakespeare ! J'ai toujours préféré Corneille à Racine. L'année dernière, j'ai revu *Le Cid*. J'ai beaucoup aimé. Le langage est plus primitif. Racine a quelque chose d'artificiel.

Nathalie Sarraute

Paris, 14 novembre 1986

— Cette fois Duras a dépassé les bornes. Déclarer à un micro, devant Auschwitz : « Moi aussi j'ai été tuée. » Elle a souffert comment d'Auschwitz ? Par la puissance de son imagination ? Quelle vie menait-elle pendant ce temps ? A-t-elle eu des parents déportés ? Même moi, qui ai vécu tout ça de près, qui ai dû me cacher, trembler pour mes enfants, je n'oserais pas parler comme ça ! Parce que ce que j'ai vécu n'est rien en comparaison de ceux qui ont été déportés ! Elle ose dire : « J'ai été tuée »... Comme ces femmes qui reviennent de leurs courses dans les grands magasins en disant : « Il y avait un monde fou, ça m'a tuée ! » D'ailleurs, quand Duras parle de l'amour, c'est tout sauf de l'amour. Toutes les histoires qu'elle raconte sont fabriquées... ces grosses voitures, ce snobisme ! Dans son interview, elle a dit : « Un grand écrivain ce n'est pas quelqu'un qui se demande s'il est un grand écrivain... » Là, elle a raison.

— Le journaliste lui a demandé s'il y avait une parenté entre elle et vous. Elle a répondu qu'il n'y en avait aucune.

— Là aussi elle a raison. Il n'y a rien de commun entre ce qu'elle écrit et ce que j'écris. Savez-vous pourquoi elle dit tout à coup du bien de moi ? C'est parce qu'en la revoyant chez Renaud-Barrault, je suis allée vers elle et, malgré tout ce qu'elle m'a fait,

Dialogues interrompus

jc mc suis approchée et je lui ai dit : « Bonjour, Marguerite. » Elle m'a prise dans ses bras.

Paris, 16 novembre 1986

Nathalie a trois manteaux. Un manteau en mouton retourné, un vieux manteau marron foncé, et un manteau qui a perdu sa couleur, qu'elle appelle le manteau rose. Elle m'interroge sur son vieux manteau.

— C'est celui que je préfère.

— Ah, vous avez fini par l'avouer. Donc vous n'aimez pas mon manteau rose. Eh bien, hier je croise un clochard sur le pont Alexandre-III. Il regarde mon vieux manteau et il me tend son sandwich comme à une miséreuse. Je vous remercie pour le beau vieux manteau !

Paris, 22 novembre 1986

Je parle à Nathalie d'un projet de roman sur un jeune homme victime de ses amis.

— Allez-y ! mais ne faites pas de la mère une couturière, vous risqueriez de retomber sur Yves Saint Laurent. Faites-en plutôt la directrice d'un journal de mode. Mais que votre héros soit journaliste ne me plaît pas beaucoup. Pourquoi ne serait-il pas pianiste ? Vous vous serviriez de tout ce temps

Nathalie Sarraute

que vous avez perdu avec Horowitz. Remarquez, Horowitz, vous pourriez raconter qu'il a peur la nuit dans les chambres d'hôtel et qu'il va dormir dans le vestibule. Prenez-le comme personnage puisque vous en parlez si bien. Et si vous faisiez de votre personnage un chanteur ? Une sorte de Chaliapine. En tout cas, servez-vous des gens que vous avez connus, nom d'un chien !

— Je vous croyais opposée à l'idée de personnages.

— Au contraire. Mes livres sont pleins de ma famille, de mes amis, de toutes sortes de gens que j'ai croisés. Il n'y a même que ça dans mes romans ! Sauf qu'on ne peut pas deviner de qui il s'agit. Je prends quelques traits et je les noie dans l'abstrait. Faites comme moi ! Au lieu de me parler sans arrêt de votre mère, de ce qu'elle a fait et de ce qu'elle n'a pas fait, écrivez-le. En écrivant, vous la comprendrez mieux et vous n'attacherez plus la moindre importance à ce qu'elle dit ou à ce qu'elle fait. Et vous n'en souffrirez plus. Votre idée qu'à la fin du roman le jeune homme jette sa voiture contre celle de sa mère ne me plaît pas tellement non plus. C'est du cinéma, ce n'est pas du roman. Il peut vouloir la tuer, mais il ne doit pas y arriver. Il ne doit pas aller jusqu'au bout. Finalement, votre héros ne doit pas être un pianiste parce que s'il est pianiste il sera absorbé par la musique. Donc faites-en plutôt un compositeur. Remarquez, un pianiste, ça me plaisait quand même. Parce que comme sa mère ne comprend rien à la musique, elle ne pourra pas penser

Dialogues interrompus

que son fils a du talent. Jouer dans des concerts ?
« Tu n'as pas la moindre chance de réussir, mon
petit. » Et donc sa mère lui fera rater sa carrière.

Elle se lève et prend *Les Fleurs du Mal* sur la table
à côté de son lit. Elle me tend le livre ouvert au
premier poème :

— Tenez, lisez « Bénédiction ». Si vous croyez
que Baudelaire n'a pas souffert à cause de sa mère !
Elle prenait son fils pour un raté qui couchait avec
des Noires et qui se droguait.

— Quelle heure est-il ? Excusez-moi, Nathalie,
mais je dois vous quitter pour rejoindre une amie
dont le mari est à l'hôpital.

— Maintenant vous allez vous occuper du mari
d'une amie à l'hôpital… Horowitz a raison quand
il vous dit : « *It's not your business.* » Vous n'allez
pas recommencer avec le mari de votre amie ce que
vous faites avec tous ! Dites-moi… en cherchant
bien… vous n'auriez pas un voisin qui aurait un
petit cancer ? Ou le fils d'une chaisière de Saint-
Sulpice qui aurait eu un accident de la route ? Vous
n'avez pas compris que de toute façon vous n'allez
pas les sauver ? Et pendant que vous vous mêlez de
tous ces malheurs, pendant tout ce temps, vous ne
vous mettez pas en face d'une feuille de papier, c'est-
à-dire en face de vous-même.

— Pour « *disent les imbéciles* », vous m'avez avoué
que si vous en aviez parlé à quelqu'un, vous auriez
pu rendre les choses plus accessibles.

Nathalie Sarraute

— Mais non, je me fous de l'avis de qui que ce soit. J'ai toujours travaillé comme ça me plaisait. Ça ne peut pas être autrement. J'ai toujours été seule. Il n'y avait que Raymond à qui je lisais ce que j'écrivais, et, par un rien, je sentais si c'était ça ou non. Autrement il n'intervenait pas. À propos, vous avez vu Hector Bianciotti ?

— Oui.

— Que vous a-t-il dit de moi ?

— Il ne m'a pas parlé de vous.

— Bien sûr, puisqu'il ne m'aime pas.

— Si, il vous aime.

— Non, il ne m'aime pas.

— Mais si !

— Comment le savez-vous puisqu'il ne vous a rien dit de moi ? Ou alors il vous a parlé de moi ?

— Un peu.

— Ah ! Un peu. Il vous a dit que je ne travaillais pas suffisamment...

— Pas du tout.

— Alors quoi ?

— Il m'a demandé si votre livre était fini.

— Vous voyez bien ! Et que lui avez-vous répondu ?

— Que vous étiez en train de l'achever.

— Il a peur que je n'y arrive pas ?

— Mais non.

— Alors qu'est-ce qu'il a dit ? J'ai vu que vous aviez plissé le front quand vous m'avez dit qu'il vous avait demandé si mon livre était fini.

— Je devais chercher les termes exacts.

Dialogues interrompus

— Les termes exacts ? Donc il a dit : « Pauvre vieille, elle n'a plus rien à dire... » Remarquez, à mon âge, ce serait normal qu'il dise ça.

— Pas Bianciotti !

— Vous oubliez qu'il travaille aussi pour Gallimard. Et ils sont inquiets chez Gallimard. Eh bien, je m'en fous, je ne me presserai pas. Je suis contente comme ça. Même s'il y a des jours où je me dis que ce que je suis en train d'écrire ne vaut rien. Ça a toujours été comme ça. Maintenant, dites-moi ce que Bianciotti vous a dit. De quoi avez-vous parlé ?

— De Françoise Verny.

— Vous parlez de Verny avec Bianciotti ?

— Oui, parce qu'il y a six mois il me disait qu'il l'aimait beaucoup, et soudain il me dit qu'il ne l'aime plus.

— Quand on déjeune avec Bianciotti, on parle de livres. C'est plus instructif de parler de littérature avec lui que de gens dont on n'a rien à faire. Mais dites-moi, faites-moi plaisir, vous êtes sûr que Bianciotti n'a rien dit de méchant sur moi ?

Paris, 12 février 1987

— Ah, vous êtes venu pour faire une photo de moi ?

— Je suis venu parce que vous m'avez dit que vous aviez le cafard. Je vous ai apporté le dernier roman de Philippe Sollers.

Nathalie Sarraute

— Et vous croyez que Sollers peut me tirer du cafard ? Au début, ça allait, Sollers, il avait une recherche. Son premier livre était trop proustien mais ça se lisait. Ensuite, il a montré qu'il n'avait aucun sens du roman, qu'il n'arrivait pas à la cheville de Sagan ! Elle, au moins, elle a tenu le coup. Du temps du Nouveau Roman elle avait disparu. Il faut dire qu'elle ne fait pas de littérature. Elle fait autre chose. Presque rien, mais ça suffit. Vous avez lu l'article sur elle dans *Le Monde* mercredi dernier ? Vous avez vu que le résumé était faux ? Et que la phrase que cite Poirot-Delpech comme étant le fin du fin de Sagan était spécialement mal écrite ? C'est du Françoise Verny. Vous savez... celle qui conseille les écrivains. Conseiller un écrivain !

» Si vous faites une photo de moi, prenez-moi comme si j'avais vingt ans. Mais pas comme je les ai eus. Pas avec les gosses ! À propos, ma fille Claude est folle de joie parce qu'elle va interviewer Marchais à la télévision avec deux autres journalistes, à *L'Heure de vérité*. Marchais est furieux parce que Revel, le mari de Claude, a révélé qu'il avait fabriqué des armes pour les Allemands en 1942.

Paris, 7 juin 1987

— Depuis la mort de Raymond, je dors avec mes lunettes. Tous les soirs avant d'éteindre, il me les enlevait. J'ai reçu le livre sur moi de Simone Benmussa.

Dialogues interrompus

Elle a voulu faire cérébral. Elle me parlait de Bachelard. De choses si loin de moi ! Duras parlait encore l'autre jour à la radio. J'allume le poste : « Marguerite Duras, vous êtes le plus grand écrivain vivant. » Réponse de Duras : « Oui. » Sauf que son livre de l'année dernière, *Les Yeux bleus, cheveux noirs*, est une absolue nullité. « Marguerite Duras, vous venez de nous donner *La Vie matérielle*, qui est un chef-d'œuvre », lui dit le journaliste. L'autre : « Oui, c'est un livre. » Je suppose qu'elle veut dire que les autres écrivains n'écrivent pas de livres. Le journaliste : « Aux États-Unis, vous êtes en tête de la liste des best-sellers. Qu'est-ce que ça vous fait ? » Elle : « Rien. » Et elle ajoute : « Je n'aimais pas les Américains. Maintenant, je dois dire, je les aime bien. » Elle ne les aimait pas quand ils nous sauvaient d'Hitler, mais quand ils lisent ses livres, elle les aime.

— Ce qui est drôle dans cette affaire de « plus grand écrivain du siècle », c'est qu'elle disait, la première fois que je l'ai rencontrée, que c'était vous.

— Elle avait bu ?

Paris, 16 juillet 1987

— Je suis contente. Vous allez mieux. C'est parce que vous écrivez. C'est le fond de votre être qui vit. Vos amis sentent cette vie.

Nathalie Sarraute

Paris, 25 octobre 1987

— Cafard noir. À se jeter dans la Seine, mon cher François-Marie.

— Ça tombe bien, je vous emmène en bateau-mouche. Le temps que j'arrive, rendez-vous à l'Alma.

— Quel manteau je mets ? Pas le vieux. Il pleut, je prendrai mon imper.

À l'heure dite devant l'embarcadère :

— Maintenant, avec mon capuchon, ne me dites pas que je vous rappelle votre grand-mère hongroise. Il paraît que vous clamez sur les toits qu'elle était juive. C'est la dernière chose à dire. Vu de l'extérieur, vous êtes quelqu'un de merveilleux. Et ce bel Aryen va dire : « Je suis juif. » Tout le bénéfice de votre charme est perdu. Quel triomphe pour les antisémites ! Votre père cachait à ses enfants que sa mère était juive. Il avait raison. Il sait, lui, que l'antisémitisme reviendra. D'ailleurs, il n'est jamais parti.

Paris, 18 janvier 1988

— Vous avez vu la carte de vœux d'Antoine Gallimard ? Je lui téléphone ?

— Vous lui envoyez une carte.

— Une carte blanche, c'est bien ?

— Oui.

— Qu'est-ce que j'écris ?

— « Merci de vos vœux. »

Dialogues interrompus

— « Merci de », je n'aime pas. C'est littéraire. Je préfère « merci pour », mais si vous y tenez je peux mettre « merci de ».

— Non. « Merci pour vos vœux. »

— C'est sec.

— Vous pouvez ajouter : « À mon tour je vous souhaite une bonne et heureuse année, je pense souvent à vous. »

— « Je pense à vous » ? Mais vous êtes fou ? Me mettre sur ce pied avec lui ?

— Vous l'aimez bien.

— Je peux mettre : « Je pense souvent à vous », mais je ne l'ai jamais fait. Jamais. Et le « souvent » me gêne. Ça a l'air de lui dire : « Avec ce qui vous arrive. »

— Que lui arrive-t-il ?

— Je ne sais pas. « Je pense souvent à vous », ça y est… je l'ai écrit. Vous voyez… mais je le regrette. Et si je recommençais ? On m'a toujours dit : les gens, il ne faut pas trop les caresser dans le sens du poil parce qu'après ils s'en permettent un maximum. J'ai entendu dire que vous alliez monter sur scène pour jouer Louis XIII.

— C'est faux.

— Vous voyez toujours Barbara ?

— Elle part demain pour le Japon.

— Et qu'est-ce qu'elle va faire au Japon ?

— Chanter.

— La mort de son père… Elle n'en a pas fini avec ça ? Ça ne vous fout pas un cafard monstre ?

180

— Je ris beaucoup avec elle. Dès qu'elle débloque ou me coupe la parole, ce qui n'est pas rare, je crie dans l'appareil des « allô, allô », comme des « au secours »… comme si nous étions plusieurs sur la ligne.

— Et elle le supporte ? Moi, je ne pourrais pas. Elle va au Japon !

— Elle veut me trouver là-bas un petit piano portatif qui fait tout, orgue, clarinette, orchestre.

— Donc vous êtes très avancé dans cette relation avec elle.

— Il y a vingt ans j'allais tous les soirs l'entendre chanter à la Tête de l'Art.

— Comme Raymond et moi avec Marianne Oswald. On en était fous. Combien de fois avons-nous remis ses disques ! Si vous étiez mon fils, je vous conseillerais une certaine distance avec Barbara. C'est le genre de personne qui vous… qui vous prend un temps fou, un temps que vous feriez mieux de passer à écrire. Elle s'accroche à vous. Et que fait-elle à trois heures de l'après-midi quand l'angoisse lui tombe dessus ?

— Lysanxia.

— En cas de panique, je ne lui aurais jamais conseillé ça !

— La seule contre-indication ce sont les effets musculaires.

— C'est déjà pas mal.

— Elle le sait.

— Ne la voyez plus. Faites votre route.

Dialogues interrompus

Paris, 26 janvier 1988

— Dans *L'Invitation*, Claude Simon rend l'état intérieur avec humour. C'est très évocateur, très réussi. Aussi c'est fabriqué. Mais tout l'art est fabriqué. Cette fois, il y a une recherche de forme qui arrive à un résultat. On sent une force, une intensité. Ses autres livres m'ennuyaient. Pas celui-là. Il va plus loin que Faulkner. À l'inverse, je viens de relire ce que je suis en train d'écrire et ça m'a paru mort. Claude Mauriac parle de vous dans son dernier bouquin. À chaque fois qu'il voit Mitterrand, il dit que vous êtes là, que vous posez des questions indiscrètes à Mitterrand sous l'œil noir d'Attali et que vous poursuivez une conversation avec un tiers pendant que Mitterrand parle. Il raconte aussi que vous êtes allé avec Mitterrand en voyage officiel en Hongrie... Vous verrez, il y a un index. Ce Claude Mauriac a une multitude de lecteurs très admiratifs. À croire ce qu'il dit, il a toujours été du bon côté, défendant les opprimés. Et c'est comme ça qu'il serait devenu l'ami de Foucault et de Barthes. On a été un peu amis lui et moi, puis fâchés. Maintenant on est à distance. Il parle beaucoup de Raymond dans son livre, et de moi. Il décrit une après-midi à Chérence, les cerisiers étaient en fleurs.

Nathalie Sarraute

Paris, 31 janvier 1988

Nathalie me parle de la mort de la grand-mère dans *Sodome et Gomorrhe*.

— Ne me dites pas que tous les gens qui lisent Proust comprennent ce passage qui me plaît infiniment. Je n'ai jamais lu Proust d'un bout à l'autre. Pas plus qu'*Ulysse*, où je me retrouve énormément. Mais ce passage de Proust... Je ne l'ai pas fini... Il y a des pages où il écrit comme au XIXᵉ siècle. Joyce est plus près de moi. Mais ce passage... les cauchemars avant la mort de sa grand-mère... J'ai eu les mêmes avant la mort de Raymond. Le fait de l'écrivain, c'est de nous révéler à nous-mêmes, de nous faire revivre ce que sans lui nous n'aurions pas vu mais que nous avons vécu, ou que nous aurions vécu. Dans *Crime et châtiment*, je suis l'assassin de la vieille dame. La mort de la grand-mère sous cet angle, je vais la relire, cela me fera du bien.

— Parfois, pour travailler, vous n'avez pas envie de rester chez vous plutôt que d'aller dans un café ?

— Quand je veux travailler, j'ai toujours envie de sortir de chez moi. Je vais là comme on va chercher de l'eau quand on a soif.

Paris, 23 avril 1988

Le directeur de la Tour d'Argent baise la main de Nathalie qu'il appelle Maître. Elle en est tout

Dialogues interrompus

heureuse. Je lui demande si, dans un livre, c'est gênant de ne pas donner le nom des arbres et je lui dis que Mitterrand aime ce type de précision.

— Vous dites bouleau, charme ou peuplier si ça vient dans la phrase mais... attendez... voulez-vous me dire ce que Mitterrand connaît à la littérature ? J'imagine qu'il aime la vieille Colette et son herbier.

Elle a mal travaillé ce matin. Mes passions l'inquiètent.

— Faites ce dont votre pied gauche a envie. Vous avez besoin de l'appeler, appelez-le. Mais vous en savez plus que moi sur la séduction. Si je n'avais pas senti un tel attachement de la part de Raymond, je ne sais pas si j'aurais tenu. Mais nous avions une grande liberté. Sinon je n'aurais pas pu écrire. J'avais mes amis, je faisais des voyages. Il peut y avoir un renversement de l'ascendant de l'un sur l'autre. Comme dans tout. Regardez chez Gallimard, j'étais tout à fait ignorée et un jour j'ai tapé sur la table et ils m'ont respectée. Vous, vous donnez trop. C'est très mauvais. Regardez, moi, maintenant, sans Raymond.

Paris, 8 juin 1988

— Votre journal devrait vous aider. Ce sont des points fixes. À chaque fois que vous m'en avez lu des passages, j'ai pensé la même chose que Madeleine Castaing : c'est par là que vous pouvez intéresser, parce que c'est vrai. Ce n'est pas rien de pouvoir garder l'empreinte du temps. Le journal est une carte du ciel. Il trace les lignes et les points. On y voit le bonheur et les souffrances. Le salaud y reste un salaud, le profiteur un profiteur, le vaniteux un vaniteux. Mais une fois heurté, vous veniez nous raconter, à Raymond et à moi, ce que vous veniez de subir. Au lieu de l'écrire ! Et avec les vaniteux, les profiteurs et les salauds, il faut rompre. Fermez votre porte. Et gardez quelques amis. En dehors de Pascal, le meilleur que vous avez, c'est Yves Saint Laurent. Il n'y a pas de doute. L'autre, ce Pierre Bergé à côté de lui, qui rêve d'être écrivain, doit être d'une jalousie ! Et cette nuit que vous racontez, dans cette boîte où Yves a levé de drôles de gens qu'il a emmenés chez lui au petit matin. Le petit Martiniquais qui n'avait jamais vu de tableau et qui a adoré le Mondrian. Et le papier collé de Matisse qui faisait rire une grosse pouffiasse enfoncée dans son fauteuil. Vous l'avez écrit, j'espère.

Paris, 10 septembre 1988

— François-Marie, vous essayez d'attraper quelque chose qui s'échappe à tout moment. Il ne faut pas que vous parliez à qui que ce soit de vos amours, les gens ne peuvent pas vous aider. On se diminue quand on demande, quand on attend. Faites une place aux autres, mais ne leur donnez pas toute la place. Écrivez.

Dialogues interrompus

Paris, 28 septembre 1988

— Quand j'y pense... les coups de votre père ne sont rien à côté des coups du père de Céline. Il le piétinait. Et dès que son père montre un peu de douceur, Céline l'adore. Non, je ne préfère pas *Mort à crédit* à *Voyage au bout de la nuit*. Non, non. Au contraire, même. Il s'est fait là une petite musique... il y a plein d'octosyllabes, je l'ai noté. On entend : « na na na na / na na na na... » et ça, tout le temps. C'est fou. Et la mort de la grand-mère... comparez avec Proust. Moi, des agonies comme la grand-mère de Céline, j'en fais comme je veux. Et le caca, sans arrêt ! Et la traversée pour aller en Angleterre... le vomi que les autres remangent. Si ce n'est pas exagéré... Son père était comme ça, il appuyait un maximum, le fils a le même travers.

Paris, 25 octobre 1988

Nathalie me demande de lui trouver un homme pour une amie de trente-sept ans venue pleurer chez elle parce qu'elle ne trouve personne.

— Les hommes ne veulent plus que des petites pépées. De vingt à vingt-cinq ans.

Mouvement des mains, de gauche à droite, de droite à gauche, imitant l'ondulation des hanches.

— Mon petit-fils a refusé de serrer la main à Maurice Duverger à cause de ce qu'il a fait avec les Allemands pendant la guerre. Il est resté les bras croisés. « De quel droit se pose-t-il en juge ? » ai-je dit. Claude m'a fait la tête. Je ne devais pas dire ce que je pense à mon petit-fils... Alors j'ai dit : « Très bien, puisque je ne peux pas toucher à un de ses cheveux, je ne lui parlerai plus, et on ne se verra plus tous les trois. » Si vous aviez vu la trouille de Claude ! « Mais non, maman, excuse-moi... » Et vous, François-Marie, pourquoi vous êtes-vous fait couper les cheveux ? Vous aviez des reflets blond châtain, et des boucles. Vous croyez que c'est beau de montrer vos grandes oreilles ? C'est pour Yves Saint Laurent que vous avez fait ça ? Heureusement que vous n'êtes pas amoureux de lui. Catastrophe pour tous les deux ! Et vous traîneriez avec vous tout son harem. Parce qu'il ne renoncerait à rien. Sa vanité est telle qu'il est comme un scaphandrier avec le poids de l'océan sur ses épaules.

Paris, 21 novembre 1988

— Avez-vous remarqué que lorsque les gens ont une colère qui éclate, ils se sentent soulagés, ils vont mieux.

— Ils sortent de leur médiocrité.

— Oui. Ils se sentent rehaussés.

— Réhabilités ?

— Ah, non ! Rehaussés, ça suffit, non ?

Dialogues interrompus

Paris, 9 mars 1989

Nous sortons du théâtre :

— Ce que vous faites avec Yves Saint Laurent, j'en serais totalement incapable. Je l'appellerais de temps à autre, mais de là à aller le voir tous les jours sous prétexte qu'il est dépressif ! Regardez, aujourd'hui, vous l'appelez, il vous fait répondre qu'il se repose. Pascal, lui, voit les gens dont il a besoin. S'il ne joue pas, il meurt.

Elle s'enveloppe dans son manteau noir, pour aller jusqu'à la loge de Pascal, et l'embrasser.

Paris, 22 mai 1989

Sarraute à la Pléiade. Nathalie me l'annonce et se plaint de devoir aller rechercher des articles parus autrefois. Pourtant, elle attendait cette consécration, ce que je lui rappelle.

— Vous avez raison, il faut toujours que je trouve le détail qui cloche.

Elle me reparle de Silvana Mangano que je lui ai fait rencontrer.

— Quelle tristesse, cette femme ! On sent qu'elle n'est plus là. Elle sait qu'elle va mourir. Elle parle à travers un voile. Vous ne vous ennuyez pas avec elle ?

— Je l'adore.

— Alors c'est autre chose.

Nathalie Sarraute

Elle revient à la Pléiade :

— Vous savez, ça me ferait plaisir vraiment s'il n'y avait que Corneille, Rousseau, Flaubert. Mais ils ont mis Char, et Giono, et Montherlant! Et Yourcenar! Qui démonétisent la collection.

Paris, 14 juin 1989

— Je suis jalouse de Julien Green. Il a un mois de plus que moi et il a l'air d'avoir vingt ans de moins. Et il a près de lui un garçon qui le sort tous les jours à Bagatelle. Je connais même le nom du garçon, Claude Jourdan.

— Éric Jourdan.

— Éric, c'est ça. Green l'a même adopté. Pourquoi je n'ai pas un garçon tout dévoué à moi ?

Je vois qu'elle a reçu les secondes épreuves de son livre.

— Aragon me lisait ce qu'il écrivait au fur et à mesure.

— Mais il ne se donnait pas autant de mal que moi pour écrire.

Paris, 5 octobre 1989

— À quel miracle de la terre dois-je de marcher à côté de vous ? Je m'étais juré que je ne vous reverrais jamais ! Qu'il crève, m'étais-je dit. Entendez-

Dialogues interrompus

vous bien ? Qu'il crève ! On vous avait envoyé une invitation pour le film de Claude Régy sur moi et vous n'avez pas répondu !

— C'est que deux pneus d'une voiture décapotable que je conduisais ont crevé coup sur coup, l'un à 120 km/h, l'autre à 150. J'ai failli y passer.

— Ça, c'est moi. C'est moi qui vous ai envoyé ça. Tout ! Et le type à New York qui une nuit sur la 42ᵉ rue voulait vous tirer dans le dos, c'est moi aussi.

— Vous lisez quoi en ce moment ?

— Une biographie de Faulkner. Vous savez, tout ce que Faulkner avait raconté, le grand combattant, les femmes, tout est faux. Il s'est construit un personnage. Je l'ai rencontré à un cocktail. Il faisait semblant de ne pas savoir pourquoi tout ce monde était là. « Mais ils sont là pour vous », lui avais-je dit. C'est à ce cocktail que soudain j'ai vu Laurence Olivier et Vivien Leigh. L'apparition ! Je suis rentrée chez moi. Je parlais toute seule.

— Et moi, cette nuit, en rêve, j'ai vu Picasso et je pleurais en lui racontant comment je suis entré dans son atelier à Notre-Dame-de-Vie, la palette par terre, je tremblais. Nous étions tout en haut de l'amphi. Le grand lustre se balançait, des garçons suivaient son balancement avec un plateau qui leur a permis de récupérer la moitié du lustre qui peu à peu se détachait. On n'a pas rallumé la salle pendant que le lustre menaçait de tomber. Je lui ai tendu mon cartable, il s'est emparé de mon crayon-feutre. Il a peint à la teinture d'iode un chat, qui est devenu une panthère.

— Quel âge avait Picasso dans votre rêve ?

— C'est difficile à dire. Cinquante ans ? Après quarante ans, il a toujours eu le même âge.

Paris, 25 octobre 1989

Nathalie :

— À quoi voyez-vous qu'Yves Saint Laurent s'aime ?

— Il pose sa main sur la table et la regarde avec tendresse.

— La main a toujours joué un rôle dans mes livres. Dans l'un d'eux, quelqu'un tape sur la table et dit : « Debout les morts. »

— Il y a des pages dans *Tu ne t'aimes pas* où j'ai reconnu mot pour mot ce que je vous avais dit.

— Vous savez, j'en ai observé, des choses ! Mais c'est peut-être vrai.

Chez elle, nous la regardons à la télévision, elle explique au journaliste qu'elle n'est personne.

Paris, 5 décembre 1989

— La mort de Raymond. Est-ce qu'on peut accepter ça ? Et pourtant on l'accepte. Ils disparaissent et on ne dit rien. Je voudrais écrire un roman

Dialogues interrompus

sans pronom, ne dire ni *je*, ni *nous*, ni *ils*, mais alors comment ne pas tomber dans le style télégraphique ? Hier, un vieux couple de professeurs belges est venu me rendre visite. Ils sont si laids qu'ils n'ont jamais dû se toucher. Lui est dix-septiémiste, et elle dix-neuviémiste. Ils ont adopté une fille. Évidemment, ils ne pouvaient pas la faire. Ils parlaient lentement de choses ennuyeuses et je ne voyais pas la fin de tout ça. Je me disais : ils ne partiront jamais. À un moment, j'ai senti comme un mouvement de l'un vers l'autre après qu'elle eut regardé l'heure. Finalement c'est arrivé, je les ai raccompagnés jusqu'à la porte, et me suis jetée sur mon lit, et je me suis dit : je vais mourir.

Paris, 7 décembre 1989

— François-Marie, je vais au café chaque matin. Avant de commencer je tourne autour d'un thème. Tous les jours, je prends des notes en me disant que peut-être je n'y arriverai pas mais c'est là que jour après jour le livre se forme. Ensuite je plonge dedans comme dans un vivier.

Paris, 2 janvier 1990

Nathalie dédicace son livre *Tu ne t'aimes pas* à François Mitterrand.

— Vous ne trouvez pas que « Fidèle souvenir »
est assez ?

— Oui. Ou alors : « À bientôt chez moi. »

— Au président de la République ? Je ne veux
pas qu'il vienne chez moi, dans l'état où il est. Avant
de rencontrer Raymond j'étais tombée amoureuse
d'un homme dont je me suis éloignée en pensant :
il est trop bien pour moi. Vous, les obstacles ne
vous font pas peur. Vous aimez l'insurmontable. Je
n'en reviens pas de votre tranquillité, vous féliciterez
votre psychanalyste. Je ne veux pas de notes dans
l'édition de la Pléiade.

— C'est dommage.

— Ça ferait femme de lettres qui montre ses gri-
bouillis. Ce qu'il faudrait montrer, c'est ce que nous
avons emprunté, et à qui.

— Donc vous avoueriez.

— Je vous ai pris très peu.

— C'est toujours ce qu'on se dit.

Je lui parle de Borges, qui regrettait d'avoir lu
Salammbô avant d'écrire *L'Immortel,* ce qui l'a
entraîné vers une écriture baroque au lieu de se fixer
sur le noyau de son sujet, l'oubli. Je l'ennuie à lui
parler de Borges. D'autant qu'elle ne cesse de penser
à Raymond.

— Quand il est mort, je ne m'en suis pas aperçue
tellement c'était inconcevable. Avec lui, j'avais
moins peur de la mort. Il était un rempart. Pourquoi, quand je l'ai rencontré, ai-je pensé qu'il ne
me quitterait jamais ? Il était un peu schizo. On ne

Dialogues interrompus

voyait personne. Beckett l'aimait beaucoup. Beckett sentait que j'avais aimé *Murphy*. Mais quand il disait : « Joyce croit au langage, moi je détruirai le langage », c'est d'une prétention !

» *L'Acacia*, de Claude Simon, c'est ennuyeux par le sujet, mais il y a un style à couper le souffle. Qui restera ? Simon ? Sûrement. Robbe-Grillet après son troisième livre n'a fait que baisser. Michaux, il y a eu *Monsieur Plume*, puis il est mort. Ponge est mort. Ionesco, les pièces du début, *Les Chaises*, *La Cantatrice chauve*, mais ça se gâche au *Rhinocéros*. Le Clézio au début. Moi, vous ne savez pas à quel niveau je me mets, je suis d'un orgueil ! Mais ça sert à quoi ? Duras, pour moi, c'est Marie Laurencin, même si à *Savannah Bay* au théâtre j'ai pleuré.

» Je trouve très souvent les titres de mes livres au début de mon travail. Là, j'hésite encore, mais si je prends celui auquel je pense, on ne pourra plus jamais me parler, c'est une phrase qu'on emploie tous les jours.

— Et alors ?

— Eh bien, vous savez qu'il y a toujours un peu de cruauté dans ce que je fais.

— Vous l'avouez ?

— Non, c'est Nadeau qui dit ça. Mais il ne comprend rien à ce que j'écris, et d'ailleurs il ne comprend rien à rien. Rinaldi me compare à Balzac, preuve qu'il ne comprend pas non plus. Il a demandé à Jean-François Revel : « Dans le roman de Sarraute, qui parle à qui ? » Les Rinaldi et les

Nadeau, ce sont des gens qui ne savent pas lire. Breitenbach disait de mon style : « C'est comme une peau qui respire. » Et vous, n'êtes-vous pas seul quand vous faites des photos ? Avedon, pour faire mon portrait, est venu avec un chauffeur et un assistant. Il m'a emmenée me promener. Pour quel résultat... Aucun. Cartier-Bresson m'a photographiée sur mon lit, c'est tout aussi raté.

» À Chérence, j'ai commencé à relire *Ulysse*. Il y a des pages formidables, le monologue de Molly Bloom, mais il y a des passages sans intérêt.

» On voudrait que j'écrive la suite d'*Enfance*. Ce serait intéressant mais ce ne serait pas de la littérature.

» Thomas Bernhard est supérieur à Simon. Il prend rien, un valet qui sera peut-être engagé par un maître, et on va se le demander pendant tout le livre. Ce n'est pas fascinant et pourtant on est pris par la phrase du début jusqu'à la fin. On ne lâche pas.

Paris, 20 mars 1990

Nathalie a déjà rempli deux cahiers de notes pour son prochain livre. Comme titre, elle imagine : *Qu'est-ce que ce sera ?* Elle n'en a encore parlé à personne.

— Moi, Nathalie, j'espère que vous en changerez.

Je lis par-dessus son épaule : « L'homme heureux », formule que Madeleine Castaing emploie en parlant de moi... Et plus loin : « Il n'y a pas de personnage. » Je vois un cercle avec de petits ronds autour. Écrit-elle une pièce de théâtre ?

Elle me jure que je lui ai dit que son mari, sur certaines photos que j'ai prises, la regardait « avec haine ». Elle corrige ensuite.

— Non pas avec haine mais avec hostilité.

Comment lui aurais-je dit une chose aussi fausse ? Elle y croit et ajoute que je lui aurais dit que Raymond s'adorait. Tout aussi fou ! Elle me dit encore que j'aurais remarqué qu'elle avait de gros seins, ce qui la gêne puisqu'elle veut paraître masculine.

— Et moi, ajoute-t-elle, quand on me dit quelque chose de désagréable, je pousse, je pose des questions : « Ah, vous croyez ? C'est peut-être vrai... »

Mais je ne lui ai rien dit de tout ça !

Comme elle me voit surpris, elle fait machine arrière.

— En fait, on ne se souvient jamais de ce qu'on dit. Mais cela n'a pas d'importance. À Domi, quand je suis en fureur, je lui dis n'importe quoi. C'est fou ce qu'on peut se dire, mais ça ne compte pas.

— Vous faites tous vos livres là-dessus.

Paris, 28 mars 1990

Pascal était chez Nathalie, qui lui a demandé de me dire que la passion est dangereuse, qu'elle n'est pas productrice. Si elle m'en parle, je lui dirai : « Ce n'est pas de la passion, c'est de l'amour. »

Nathalie Sarraute

Paris, 2 avril 1990

— J'ai fait le bilan de vos défauts, François-Marie. J'ai dit à mon ami docteur que vous étiez généreux comme un personnage du XIXe siècle. Ça, c'était pour le faire baver de jalousie. Votre défaut… Un certain laisser-aller. Je me souviens avec Domi. Elle nous avait dit qu'elle n'avait pas mis de fond de teint. Elle en avait mis. Vous le lui avez dit, vous avez osé et vous vous êtes précipité au fond du couloir pour chercher une serviette que vous lui avez passée sur le visage.

— Mais non, Nathalie. C'est Domi qui m'a tendu la serviette.

— Alors vous n'admettez pas d'avoir un seul défaut ?

— Vous n'êtes jamais méchante ?

— C'est une qualité chez moi parce que c'est plus vicieux.

Elle fait un geste du doigt, tournevis en vrille.

— Je dis aux filles de ces vacheries ! L'autre jour, on en riait avec Domi. Un génitif dans une version latine… il y a longtemps… Je lui tapais dessus… Elle pensait que le lustre lui tombait sur la tête. Pendant qu'elle était allée répondre au téléphone, j'avais regardé son devoir. Annicki, une fois, je l'aurais étranglée. Les trois faisaient mal exprès. Pour m'emmerder.

Dialogues interrompus

Je lui raconte mon dernier week-end chez un ami qui m'a méchamment pris à partie et à qui j'ai dit certaines choses.

— Il ne fallait pas ! Vous vous mettez à son niveau. On ne dit rien. On s'en va. On s'écarte. Je l'ai fait avec ma belle-mère, avec mon demi-frère. Pas d'explication ! L'autre sait très bien ce qu'il a fait. Vous n'êtes pas là pour éduquer votre prochain. Pourquoi lui faire ce cadeau ? Les Anglais ne disent rien. En Angleterre, tous les jours, le mari observe avec sa femme la même attitude polie du début de leur relation. On s'embrasse le soir comme si de rien n'était. Un beau jour, après le baiser du soir, le mari dit à sa femme : « J'ai vu mon avoué il y a quinze jours, nous divorçons. » Rien avant qui laissait soupçonner quoi que ce soit. Oui, *le baiser du soir*. Il vaut mieux se méfier du baiser du soir.

Paris, 4 avril 1990

— Vous allez en Amérique, eh bien, montrez ma photo à Jacqueline.

— Quelle photo ?

— Celle où je suis dans le manteau noir, sous le parapluie.

— Mais de quelle Jacqueline parlez-vous ?

— Jacqueline Kennedy. Voulez-vous me dire ce qu'elle fait chez un éditeur comme Doubleday ?

— Elle travaille.

Nathalie Sarraute

— Travailler ? Elle ? L'éternelle première dame, après ce qui lui est arrivé à Dallas dans son tailleur rose éclaboussé de sang ? Pourquoi allez-vous la voir ?

— Elle veut que je fasse un livre de mes photos d'Horowitz. Elle me l'a même écrit.

— Ne prenez pas cet air d'enfant grondé. Ce sera parfait avec votre amie Jacqueline, mais pas avec moi.

— Je ne suis pas ami avec elle.

Paris, 5 avril 1990

— Aux États-Unis, j'ai donné une conférence dans une université sur le thème : *on ne peut rien dire aux gens.* On était accroupi par terre. Dans le public, il y avait une femme enceinte qui a osé dire de Saint-Simon qu'il était arriviste et ne savait pas écrire. Je serais un très mauvais professeur : je lui ai répondu avec une violence inouïe. Elle s'est levée en pleurs et elle est sortie de la salle. Après le cours, tout le monde m'a donné tort. Je n'avais pas le droit. J'ai passé une nuit blanche en priant pour qu'elle n'accouche pas dans la nuit ! Dans l'Ohio, il y a une université où les filles riches viennent en vison et collier de perles. Et ils ont le droit d'amener des animaux. Dans les travées, il y avait des setters, des bulldogs, des carlins, une ménagerie que vous n'imaginez pas. De temps en temps on les entendait grogner. Puis il y a eu la mode des animaux dan-

Dialogues interrompus

gereux. C'était très bien vu d'élever un boa ou un python dans sa baignoire, de garder chez soi un lion. Les étudiants venaient en classe avec leurs fauves. Une fois, l'un d'eux a amené un scorpion, le plus dangereux qui soit, couleur sable. Tout à coup le gosse se met à hurler, mine de rien un autre élève l'avait fait sortir de sa boîte. Le scorpion est introuvable. On évacue la classe. On vide l'université, on fait venir deux casernes de pompiers, tout le monde se met à quatre pattes. Après huit jours de recherches intensives on le retrouve derrière un lavabo. Monsieur se prélassait. D'après les spécialistes.

Paris, 30 octobre 1990

— À Moscou, un homme est venu s'asseoir à côté de moi pour me parler des ovnis. Deux heures. « Comment ? Vous n'y croyez pas ? Ici, les plus grands savants s'y intéressent. » Il se levait de temps en temps. C'était à un cocktail. Il allait me chercher une assiette, puis une autre. Et il revenait me parler des ovnis. À un moment, quelqu'un est venu remplacer cet homme. J'ai cru que j'étais sauvée. Malheureusement mon sauveur s'est enfui.

» Je suis retournée à Ivanovo, ma ville natale. J'ai compté les fenêtres du palais où mon père avait un appartement. C'est là qu'enfant, en voyant ces fenêtres, j'ai appris à compter jusqu'à onze. Nous avions sept domestiques. J'ai rencontré le prince

Galitzine à qui j'ai dit que j'avais des ancêtres juifs. Il m'a regardée en silence. Maintenant, le comble c'est que la noblesse revient. C'était vraiment la peine de faire tout ça, la révolution, le communisme, Staline, les camps ! Il s'est mis à causer devant moi avec un Obolensky de la réouverture de la Maison de la noblesse. Il a trouvé que je parlais très délicatement le russe. Ça, c'est à ma marâtre, à Véra, que je le dois. Elle était d'excellente famille.

Paris, 12 mai 1992

— Le médecin dont je vous parlais, qui se prenait pour un écrivain, a voulu me dominer sur le plan intellectuel. Il a touché là où je suis homme. Et là, il a perdu. Il avait profité d'un air de soumission.

Paris, 30 mai 1992

— Vous, mon cher François-Marie, on dirait que ça vous amuse quand on vous manque de respect. Moi, ce médecin dont je vous ai parlé qui voulait entretenir avec moi un dialogue, un dialogue des âmes... on ne se parle plus, on est... Un jour au téléphone, tout à coup il y a un silence, un silence qui n'en finit pas, un silence si long que je prends le journal, je commence à lire un article. À l'autre bout du fil, il est toujours là, je l'entends qui respire...

tout à coup je lui dis : « Cette fois-ci, c'est la dernière fois. Vous m'entendez ? » Qu'est-ce qu'il attendait ? Que je rompe ce silence ! Que je n'en puisse plus ! Que j'explose ! Que faisait-il au téléphone ? Qu'en pensez-vous ?

— C'est difficile à dire...

— Non, dites-le ! Que faisait-il ?

— Il se branlait.

— Vous croyez ? Ah, c'est ça ? Il me violait par téléphone. Ce qu'on fait en silence... Et on attend que la bonne femme crie. J'ai crié. Ce n'était pas le silence de l'amour partagé. Ni le silence de la fusion. C'était le mauvais silence : le silence de celui qui épie l'autre. Elle va crier, oui ou non ? Il aurait tenu deux heures et je peux vous jurer qu'il n'aurait pas parlé en premier. J'ai hurlé : « Vous ne recommencez plus. » Je peux vous assurer qu'il n'y a plus eu de ces silences. J'en ai parlé à une amie. Sans entrer dans tous les détails de ce silence.

— C'est comme dans vos livres, il y a toujours un moment où vous allez chercher un autre... un autre...

— Un autre quoi ?

— Un témoin...

Paris, 1er juin 1992

— C'est au Châtelet, à *L'Oiseau de feu*, que j'ai vu Raymond pour la première fois. J'avais neuf ans, il en avait sept. Il avait une figure toute blanche.

Nathalie Sarraute

Nos parents se connaissaient. Je l'ai croisé à nouveau, j'avais quinze ans. Ensuite je l'ai retrouvé à la faculté de droit. Il m'a toujours dit : « Après toi, on verra les voies que tu as ouvertes. » Mais vous, tous ces tableaux que vous peignez, année après année, et dont vous ne parlez jamais... Vous aussi vous fabriquez une langue. J'aurais aimé que Raymond les voie.

— Aragon ne les a pas vus non plus.

— Qu'est-ce que cela aurait pu vous apporter ? Ce que vous avez fait existe sans lui.

— Il a écrit *La Peinture au défi*. Miró m'avait dit que c'était ce qu'il avait lu de plus remarquable. Il y a surtout *La Semaine sainte*, d'une écriture toute nouvelle, à propos de Géricault.

— Et bien sûr, vous n'avez pas eu l'intelligence de montrer à Miró ce que vous faisiez. Vous préférez vous occuper de tous vos saltimbanques ! Dès ce soir, écrivez sur ce mystère. Promettez-le-moi.

Paris, 31 août 1992

— *Aimer...* je n'ai jamais bien compris ce que ce mot recouvrait. Comme on est dans l'abstrait, on peut tout dire... Cette folie qui vous prend d'être le besoin absolu de l'autre et qui se retourne contre vous puisque tout à coup c'est vous qui avez un absolu besoin de l'autre. Ce vertige. Cette folie ! Il vaut mieux s'attacher à quelque chose qui ne peut pas vous décevoir. Le travail. Ou regarder mère

Dialogues interrompus

Teresa. Mais pas quelqu'un qui vous éloigne de vous-même. Vous, vous avez Martin, qui est un garçon d'une finesse, d'une originalité ! Je suis sûre qu'il réussira pleinement. Et durablement. Occupez-vous de lui. Il y a comme un destin qui met les gens sur votre chemin. Ça, j'y crois. Je ne crois pas aux rencontres fortuites.

— Martin ne parle pas beaucoup.

— Mais qui parle à qui ? Avec Raymond, parfois, on ne se parlait pas pendant plusieurs jours. Sa présence muette m'aidait intérieurement.

Paris, 8 mars 1995

Nathalie est contente d'avoir fini son livre, *Ici.*

— On va peut-être le sortir en septembre. Maintenant ce sont les élections. C'est le moment où ils sortent Le Clézio. J'aime surtout les dernières pages de mon livre. Vous verrez. J'ai déjà recommencé autre chose qui m'amuse. C'est peut-être n'importe quoi, on verra. J'ai lu dans la correspondance de Mallarmé qu'il pouvait rester des heures durant la tête sur la cheminée, la tête vide. Comme moi.

Elle est de si bonne humeur qu'elle consent à trouver de l'intérêt à *Finnegans Wake.*

— Raymond m'avait dit qu'il y avait un très bon passage sur les lavandières. Même Sollers y vient, après l'avoir ignoré pendant des années. Il m'avait dit que dans un livre, ce qui comptait, c'était d'apprendre des choses, et que dans *Finnegans Wake* on n'apprenait rien. Il devrait lire des livres de voyage. Pour apprendre. Moi je ne vois pas très bien ce qu'on peut apprendre dans mes livres.

» Une amie m'a dit : « Plus on regarde le passé de mon mari, plus c'est flou. » Eh bien, qu'il aille se faire voir.

Nathalie sort un carnet et note.

— Pour écrire ce que le flou cache, je vais le chercher dans une montagne de faits, de comportements, de confidences que j'absorbe.

Paris, 7 juin 1995

— François-Marie, je vous rappelle que vous m'avez promis le livre de Lytton Strachey. On me l'a proposé mais je préférerais que ce soit vous qui me l'offriez.

— Mais oui, mon petit chou.

Elle me rappelle cinq minutes plus tard :

— Si c'est pour m'appeler « mon petit chou », je préfère pas de livre.

Paris, 19 septembre 1995

— Je suis folle d'Hector Bianciotti. Il est beau. Et il a cette froideur... je crois que c'est ça qui me met dans cet état. Il est beau comme il y a quarante ans.

Dialogues interrompus

Un Raphaël ! J'avais voulu le connaître après avoir lu son livre. Il est venu, et j'ai été en dessous de tout. Je voulais lui plaire. Je lui ai raconté des histoires, j'en ai trop fait. Croyez-vous qu'il pourrait me trahir ?

— Que craignez-vous ?

— Qu'il parle ! Oh, je ne lui ai rien dit de secret, mais tout de même, j'ai bavardé, je n'aurais pas dû. Je ne sais pas ce qui m'a pris.

Elle met longtemps à m'avouer qu'elle croit avoir été trop loin en lui racontant que Ionesco était à moitié juif.

— Ionesco ne voulait pas qu'on le dise. Quand je pense qu'on est arrivé à nous faire croire que c'est une tare d'être juif ! David, et Salomon, le meilleur des hommes ! Et les Psaumes ! Et le Christ ! Et on devrait en avoir honte ? C'est tout de même phénoménal ! Toute la culture, c'est nous ! Marx, Freud, Moïse, Proust, tout ! Il est vrai que pendant des siècles les Juifs vivaient dans des ghettos. On descend de parias. Mais quels parias !

Nous dînons dans le restaurant en bas de chez elle.

— Ce n'est pas mal ici, on est bien. Qu'est-ce qu'il nous faut de plus ? Vous me trouvez ingrate ? Tout ce que vous me donnerez, François-Marie, ce ne sera jamais assez.

» Oui, j'ai toujours pensé que pour être écrivain, il faut s'attaquer à un territoire inconnu, même étroit, pourvu qu'il soit le nôtre. Là où j'ai été, personne n'avait été avant. C'est comme Balzac. J'adore Balzac. J'étais furieuse quand ces imbéciles du

Nathalie Sarraute

Nouveau Roman l'attaquaient. Il a créé un monde. Et regardez Baudelaire, il est l'auteur d'un tout petit livre. Mais quel génie ! Dans mon titre : *Ici*, je n'ai pas voulu de pronom. Vous êtes là, c'est vous qui êtes là, mais je ne dis pas : « C'est lui. » Ce qui occupe la place, c'est ce qui est ici, c'est ça.

Elle fait un grand geste.

Paris, 7 décembre 1995

— Cette après-midi j'ai failli sauter par la fenêtre, j'étais angoissée. Domi était là, elle venait me voir, mais ça ne m'a rien fait. Annicki est venue avec son fils. Rien non plus. L'angoisse de la mort.

» Il y a trois langues musicales, trois langues que, bien prononcées, on aime entendre, l'anglais, le russe et l'italien. Et là, je me suis dit : n'écoute plus, n'entends que les sons, et alors j'ai pensé : c'est joli le français. Au journal du soir, on entend des gens dans le métro : « Ben quoi, cé ksé pas si simple ste grève. » Dans disons cinq ans, tout ça pour moi va disparaître. Tout ! Ce n'est pas phénoménal ? Domi s'en tirera très bien. Elle sera même soulagée. Son père, qu'elle adore, il est là, avec elle. Elle lui parle, elle me parlera. Je ne sais pas si je l'entendrai, mais elle me parlera.

Dialogues interrompus

Paris, 16 juillet 1999

Nathalie aura bientôt quatre-vingt-dix-neuf ans. Je lui suggère, en réponse à son livre *Tu ne t'aimes pas*, d'écrire un livre dont le titre serait *Je t'aime*.

— D'abord ce n'est pas *Je t'aime*, mais *Je vous aime*. Jamais je ne me suis dit d'une idée que j'avais que c'était une bonne idée. Vous avez lu, dans mon livre *Ouvrez*, les abréviations pour faire dans le vent ? « Cata » pour « catastrophe », « sympa » pour « sympathique » alors que « catastrophe » et « sympathique » sont des mots très beaux.

Je me plains de ma mère qui ne me parlait jamais de ce qui m'intéressait.

— Où est le crime ? Vous me voyez, moi, parler à mon fils si j'en avais eu un ? Il se serait intéressé à l'aviation militaire, il aurait fallu que je l'interroge sur les bombardiers ?

Sur un bout de papier, à côté de sa cloche en métal posée sur son lit, elle a noté : Proust, les trous de mémoire, tome III, page 50. Il y a trois jours, elle m'a dit :

— Vous, on peut dire que vous êtes un bon ami, vous venez me voir tous les dix ans.

Elle lisait *La Dame de pique*. Aujourd'hui elle lit *Journal d'un fou*.

— Vous pensez que pour un écrivain c'est important de lire ?

— Non ! Ce qui compte, c'est soi. Dire quelque chose qui n'est qu'à soi. Et qui n'existe nulle part

Nathalie Sarraute

ailleurs. Dès que j'entre dans quelque chose de connu, je me dis : mais où es-tu ? Et aussitôt je fais marche arrière.

Elle cherche Rimbaud, « le plus grand », a-t-elle lâché comme à regret.

— Il en avait celui-là sous les bigoudis. Il y a une expression russe qui a son équivalent en anglais : « *they're not at all at home* » pour les gens qui disent un peu n'importe quoi.

Elle la répète, la répète, comme elle me redit que *Tonio Kröger* fut un de ses livres préférés, avec *Mrs Dalloway* et *Les Nourritures terrestres*.

— Gide ! On aimait Gide. *Beckett was never my cup of tea.*

Paris, 18 juillet 1999

— Je n'étais pas jalouse de Raymond et Raymond n'était pas jaloux de moi. S'il était amoureux de quelqu'un, il me le disait. Ça ne se passait pas sur le même plan.

— Il rentrait quand même dormir.

— Oui. Et moi aussi. Quand j'ai eu cette histoire dont je vous ai parlé, il l'a su. C'était pendant l'Occupation, Raymond était à Paris et moi à la campagne. Je ne me suis jamais ennuyée avec Raymond. Jamais. Il était très indifférent au monde. Quelqu'un partait de chez nous, je disais ceci ou cela. Lui, c'était toujours bien, ça lui était égal. À mes conférences, qu'il connaissait pourtant par cœur, il venait. Il se mettait dans un coin, il écoutait. Mes personnages, ce sont mes mots.

Paris, 18 octobre 1999

Nathalie m'a fait appeler.

Avenue Pierre-Ier-de-Serbie, consternation de sa fille Domi. Elle meurt. Je vais l'embrasser :

— C'est gentil d'être là.

— Je vois que vous avez sur votre lit le dernier livre d'Hector Bianciotti. Voulez-vous que je vous en lise un peu ?

— Vous feriez ça pour moi ?

J'ouvre le roman. Je m'aperçois que je n'ai pas mes lunettes. Impossible de lui dire : « Nathalie, j'ai oublié mes lunettes. » Alors j'invente. Nathalie se redresse :

— C'est drôle, je ne m'y attendais pas : c'est très mauvais. Hector a beaucoup perdu.

Le lendemain, *Libération* m'appelle pour que je leur donne le portrait de Nathalie le jour de son doctorat *honoris causa* à Oxford. Elle venait de mourir.

Table

Louis Aragon.. 15

Lili Brik.. 61

Charles de Noailles 95

Nathalie Sarraute.. 131

Du même auteur (suite)

Monographies

Derniers travaux, catalogue d'exposition, Paris, Galerie Ghislaine Hussenot, 1999.

Fotos y pinturas, catalogue d'exposition, Buenos Aires, Centro Cultural Recoleta, Paris, Gallimard, 2000.

François-Marie Banier, catalogue d'exposition, Milan, Triennale di Milano & Fondazione Mudima ; Milan, Mudima, 2000.

François-Marie Banier, catalogue d'exposition, Tokyo, Tokyo Metropolitan Museum of Photography – Metropolitan Foundation for History and Culture, 2000.

Täglich Neues, catalogue d'exposition, Coblence, Ludwig Museum et Budapest, Ludwig Museum ; Cologne, Wienand, 2000.

Brésil, Gallimard, 2001.

François-Marie Banier, catalogue d'exposition, Paris, Maison européenne de la photographie, Gallimard, 2003.

On the Edge, catalogue d'exposition, Krefeld, Museum Haus Lange ; Bielefeld, Kerber, 2004.

Perdre la tête, catalogue d'exposition, Rome, Académie de France à Rome, Villa Médicis et catalogue d'exposition, Nice, Théâtre de la Photographie et de l'Image ; Göttingen, Steidl / Paris, Gallimard, (Prix du Meilleur livre allemand 2006), 2005.

Dommages Rome, Académie de France à Rome, Villa Médici et Nice, Théâtre de la Photographie et de l'Image ; Göttingen, Steidl, 2005.

True Stories, catalogue d'exposition, Istanbul, Istanbul Modern, 2006.

Le Chanteur muet des rues, textes d'Erri de Luca, Gallimard, 2006.

Perdre la tête, catalogue d'exposition, Moscou, Grand Manège, 2007.

Banier, catalogue d'exposition, Beverly Hills, Gagosian Gallery, 2007.

Written Photos, catalogue d'exposition, Berlin, Villa Oppenheim, 2007.

Vive la vie, Göttingen, Steidl, 2008.

Vous me manquiez / I missed you, Göttingen, Steidl, 2009.

Beckett, Göttingen, Steidl, 2009.

Grandes chaleurs, Göttingen, Steidl, 2009.

Boîte de dessins, Göttingen, Steidl, 2010.

Brioche lait pot poire, Göttingen, Steidl, 2010.

To have fun at home, Göttingen, Steidl, 2010.

On n'est jamais tranquille, Göttingen, Steidl, 2010.

I am fascinated, Göttingen, Steidl, 2010.

Comme des étoiles, Göttingen, Steidl, 2011.

Poaime, Göttingen, Steidl, 2011.

Follow me, Göttingen, Steidl, 2011.

À 2 doigts, Göttingen, Steidl, 2011.

Optimisme, Göttingen, Steidl, 2011.

Pense à moi, Göttingen, Steidl, 2011.

Never Stop Dancing, Göttingen, Steidl, 2015.

Imprudences, Göttingen, Steidl, 2015.

Dreamers, Catalogue irraisonnable, vol. 1, texte d'Erri de Luca, Göttingen, Steidl, 2020.

Battlefields, Catalogue irraisonnable, vol. 2, Göttingen, Steidl, 2020.

Passport, Catalogue irraisonnable, vol. 3, textes d'Atiq Rahimi, Göttingen, Steidl, 2020.

François-Marie Banier Marie-Laure de Noailles 1969-1970, catalogue d'exposition, Hyères, Villa Noailles, 2020.

Composition et mise en pages
Nord Compo à Villeneuve-d'Ascq

CET OUVRAGE
A ÉTÉ ACHEVÉ D'IMPRIMER
SUR ROTO-PAGE
PAR L'IMPRIMERIE FLOCH
À MAYENNE EN JANVIER 2024

N° d'édition : 620352-0. N° d'impression : 104034
Dépôt légal : janvier 2024
Imprimé en France